Peter Bühler · Patrick Schlaich · Dominik Sinner

# Webdesign

Interfacedesign – Screendesign – Mobiles Webdesign

2. Auflage

Springer Vieweg

Peter Bühler
Heubach, Deutschland

Patrick Schlaich
Kippenheim, Deutschland

Dominik Sinner
Konstanz, Deutschland

ISSN 2520-1050 ISSN 2520-1069 (electronic)
Bibliothek der Mediengestaltung
ISBN 978-3-662-66664-7 ISBN 978-3-662-66665-4 (eBook)
https://doi.org/10.1007/978-3-662-66665-4

Die Deutsche Nationalbibliothek verzeichnet diese Publikation in der Deutschen Nationalbibliografie; detaillierte bibliografische Daten sind im Internet über ► http://dnb.d-nb.de abrufbar.



Planung/Lektorat: David Imgrund
Springer Vieweg ist ein Imprint der eingetragenen Gesellschaft Springer-Verlag GmbH, DE und ist ein Teil von Springer Nature.
Die Anschrift der Gesellschaft ist: Heidelberger Platz 3, 14197 Berlin, Germany

Bibliothek der Mediengestaltung

Konzeption, Gestaltung, Technik und Produktion von Digital- und Printmedien sind die zentralen Themen der Bibliothek der Mediengestaltung, einer Weiterentwicklung des Standardwerks Kompendium der Mediengestaltung, das in seiner 6. Auflage auf mehr als 2.700 Seiten angewachsen ist. Um den Stoff, der die Rahmenpläne und Studienordnungen sowie die Prüfungsanforderungen der Ausbildungs- und Studiengänge berücksichtigt, in handlichem Format vorzulegen, haben die Autoren die Themen der Mediengestaltung in Anlehnung an das Kompendium der Mediengestaltung neu aufgeteilt und thematisch gezielt aufbereitet. Die kompakten Bände der Reihe ermöglichen damit den schnellen Zugriff auf die Teilgebiete der Mediengestaltung.

# Vorwort

The Next Level – aus dem Kompendium der Mediengestaltung wurde die Bibliothek der Mediengestaltung.

Im Jahr 2000 ist das „Kompendium der Mediengestaltung“ in der ersten Auflage erschienen. Im Laufe der Jahre stieg die Seitenzahl von anfänglich 900 auf über 2.700 Seiten an, so dass aus dem zunächst einbändigen Werk in der 6. Auflage vier Bände wurden. Trotz dieser Verbesserung haben wir von Ihnen, liebe Leserinnen und Leser, die Rückmeldung erhalten, dass die dicken Bände – im wahrsten Sinne des Wortes – untragbar seien.

Dies führte uns zu dem Entschluss, das Kompendium zu modularisieren und in eine Bibliothek der Mediengestaltung, bestehend aus 26 Theorie- und 4 Praxisbänden, aufzuteilen. Diese Aufteilung wurde von Ihnen, liebe Leserinnen und Leser, sehr begrüßt, denn schmale Bände bieten eine Reihe von Vorteilen. Sie sind erstens leicht und kompakt und können damit viel besser in der Schule oder Hochschule eingesetzt werden. Zweitens können wir nun auf Veränderungen in der Medienbranche schneller und flexibler reagieren. So liegen einige Bände bereits in der 2. Auflage vor. Und drittens lassen sich die schmalen Bände günstiger produzieren, so dass alle, die das Gesamtwerk nicht benötigen, auch einzelne Themenbände erwerben können.

Bei der Auswahl und Aufteilung der Themen haben wir uns – wie beim Kompendium auch – an den Rahmenplänen, Studienordnungen und Prüfungsanforderungen der Ausbildungs- und Studiengänge der Mediengestaltung orientiert. Eine Übersicht über die insgesamt 30 Bände der Bibliothek der Mediengestaltung finden Sie auf der rechten Seite.

Die Bibliothek der Mediengestaltung richtet sich an alle, die eine Ausbildung oder ein Studium im Bereich der Digital- und Printmedien absolvieren oder die bereits in dieser Branche tätig sind und sich fortbilden möchten. Weiterhin richtet sich die Bibliothek der Mediengestaltung aber auch an alle, die sich in ihrer Freizeit mit der professionellen Gestaltung und Produktion digitaler oder gedruckter Medien beschäftigen. Zur Vertiefung oder Prüfungsvorbereitung enthält jeder Band zahlreiche Übungsaufgaben mit ausführlichen Lösungen. Zur gezielten Suche finden Sie im Anhang ein Stichwortverzeichnis. Alternativ können Sie auf bi-me.de, der begleitenden Website zur Bibliothek, Stichworte eingeben, nach denen dann in allen Bänden gesucht wird.

Ein herzliches Dankeschön geht an Herrn David Imgrund und sein Team vom Verlag Springer Vieweg für die Unterstützung und Begleitung dieses Projekts sowie an unsere langjährige Lektorin Frau Ursula Zimpfer. Ein großes Dankeschön gebührt aber auch Ihnen, unseren Leserinnen und Lesern, die uns in den vergangenen zwanzig Jahren immer wieder auf Fehler hingewiesen und Tipps zur weiteren Verbesserung der Bücher gegeben haben.

Wir sind uns sicher, dass die Bibliothek der Mediengestaltung eine zeitgemäße Fortsetzung des Kompendiums darstellt. Ihnen, unseren Leserinnen und Lesern, wünschen wir ein gutes Gelingen Ihrer Ausbildung, Ihrer Weiterbildung oder Ihres Studiums der Mediengestaltung und nicht zuletzt viel Spaß bei der Lektüre.

Heidelberg, im Frühjahr 2023
*Peter Bühler*
*Patrick Schlaich*
*Dominik Sinner*

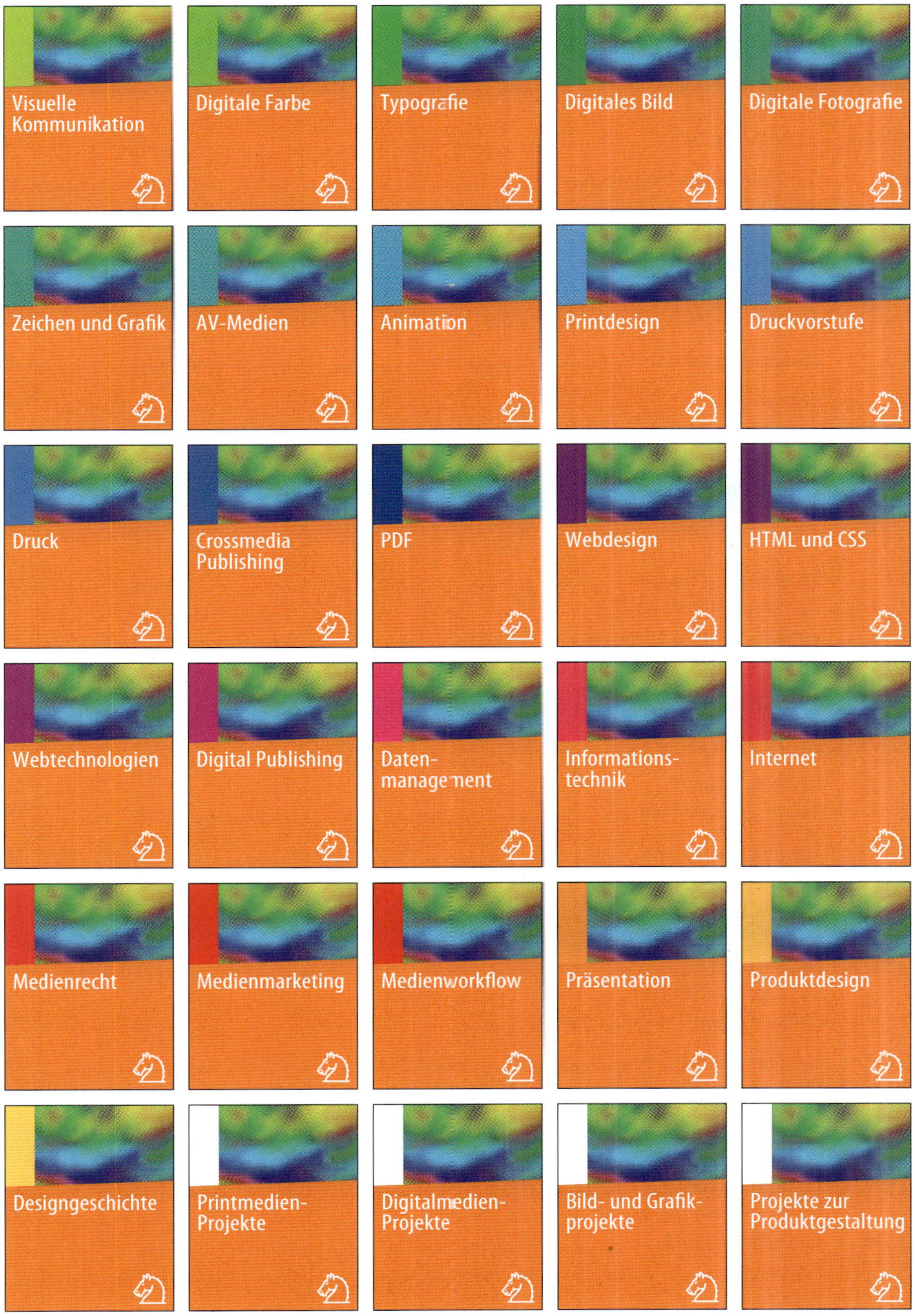


**Bibliothek der Mediengestaltung**

Die Übersicht zeigt 26 eher theoretische Bände sowie (unten rechts) 4 Praxisbände, in denen ausschließlich Projekte beschrieben sind. Alle hierfür erforderlichen Dateien finden Sie auf bi-me.de.

Inhaltsverzeichnis

# 3 Screendesign 46



# 4 Anhang 90

## 1.1 Standortbestimmung

### 1.1.1 Was heißt Webdesign?

Webdesign heißt wörtlich: Design für das Web. Beide Begriffe, Web und Design, sind jedoch nicht klar definiert.

Mit *Web* ist das World Wide Web (WWW) gemeint. Es handelt sich dabei nicht um das Internet, sondern um einen Internetdienst, mit dem sich (multi-)mediale Inhalte (Texte, Bilder, Sound, Video ...) auf Basis der Seitenbeschreibungssprachen HTML und CSS im Internet veröffentlichen lassen. Im Vergleich zu Printmedien gibt es drei wesentliche Unterschiede:

- Webseiten sind *verlinkt* – sie lassen sich in beliebiger Weise (nichtlinear) mit anderen Webinhalten verknüpfen.
- Webseiten sind *multimedial* – sie können Ton, Videos und Animationen enthalten.
- Webseiten sind *interaktiv* – sie ermöglichen den Nutzern, z. B. über Formulare, mit dem Anbieter in Dialog zu treten.

Auch der zweite Begriff, *Design*, ist nicht eindeutig definiert. Da es keine geschützte Berufsbezeichnung ist, darf sich im Prinzip jede/r Designerin oder Designer nennen. Unter Webdesign verstehen wir die *Konzeption und Gestaltung von Webapplikationen*. Dabei handelt es sich längst nicht mehr ausschließlich um *Webseiten*, auch Software gelangt in Form von *Apps* mehr und mehr ins Internet, v. a. durch die massive Verbreitung von mobilen Endgeräten wie Smartphones und Tablets.

Mit den sich ändernden Technologien unterliegt deshalb auch das Berufsbild Webdesigner/in einem ständigen Wandel. Eine intensive Zusammenarbeit mit denjenigen, die sich um die technische Realisation kümmern, ist entscheidend für erfolgreiche Projekte. Webdesigner/-innen müssen keine Programmierer/-innen sein, aber sie müssen mit ihnen kommunizieren können. Denn im Unterschied zum Printbereich besteht bei Digitalmedien eine enge Verzahnung von Design und Technologie: Die designerische Idee muss mit vertretbarem Aufwand technisch umsetzbar sein. Es dürfte kein zweites Gebiet geben, das sich so dynamisch und rasant verändert wie das Internet. Es nimmt in unserem beruflichen wie privaten Leben einen immer größeren Stellenwert ein.

Für Webdesigner und -entwickler ist dies Fluch und Segen zugleich: Fluch, weil es immer schwerer fällt, mit den ständigen Veränderungen Schritt zu halten. Was heute ein Hype ist, kann morgen schon wieder out sein. Was wir vor fünf Jahren in der ersten Auflage dieses Buches geschrieben haben, ist teilweise überholt. Was wir vor zwanzig Jahren in der ersten Auflage des Kompendiums geschrieben haben, ist Geschichte.

Andererseits bieten die ständigen Veränderungen aber auch ein riesiges Potenzial: Ein Beleg hierfür ist die große Anzahl an Start-up-Unternehmen, die mit einer neuen Geschäftsidee auf den Durchbruch hoffen.

### 1.1.2 Web im Wandel

Wie oben erwähnt unterliegt das Web und damit zwangsläufig auch der Beruf des Webdesigners einem ständigen Wandel. Im Folgenden fassen wir die wichtigsten Entwicklungen der letzten Jahre zusammen:

**Mobiles Web**

Mit der Einführung des iPhones im Jahr 2007 begann der Siegeszug der Smartphones und des mobilen Internets. Es ist dem Visionär *Steve Jobs* von Apple zu verdanken, dass alle heutigen Smartphones, dem Apple-Vorbild folgend,


P. Bühler et al., *Webdesign*, Bibliothek der Mediengestaltung,
https://doi.org/10.1007/978-3-662-66665-4_1

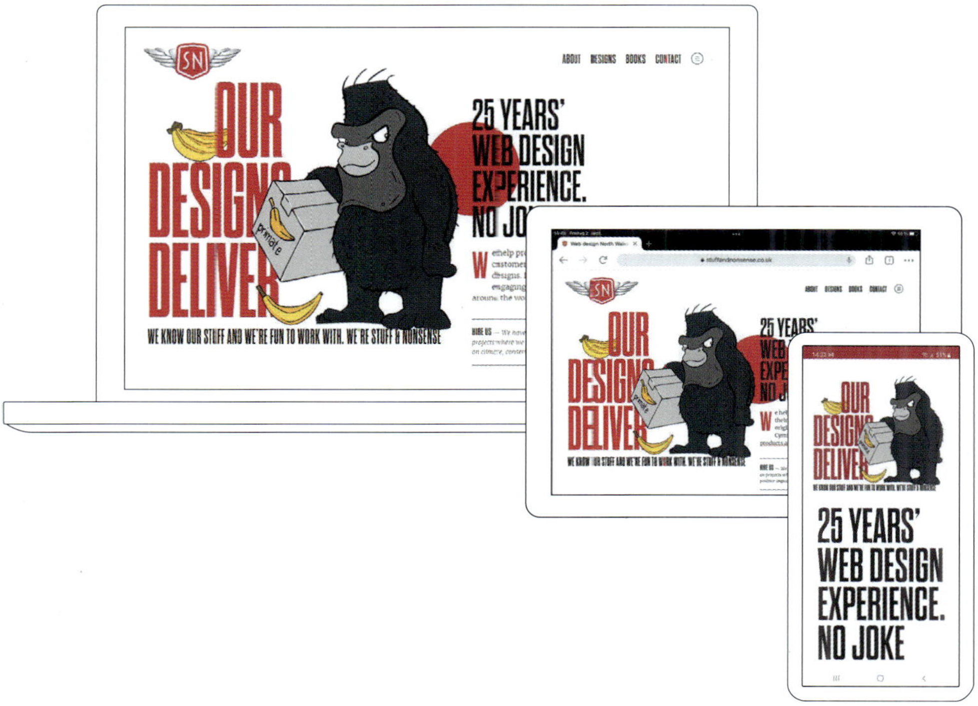


**Responsive Webdesign**

Webanwendungen müssen sich an das Display des Endgeräts anpassen, auf dem sie betrachtet werden.

Das Beispiel zeigt, wie sich das Layout in Abhängigkeit vom Ausgabegerät verändert.

Touchscreens besitzen, weitgehend auf Tasten verzichten und mit dem Finger oder per Sprache bedienbar sind.

Nach den Smartphones ist mit den Tablets eine weitere Gerätekategorie zwischen Handy und Desktop-PC entstanden. Mittlerweile hat man erkannt, dass, z. B. für die Eingabe längerer Texte, eine „echte" Tastatur besser geeignet ist. Deshalb findet man heute auch Kombinationen von Tablet und Laptop (sogenannte „Convertibles"), die sich wahlweise mit dem Finger/Stift oder Tastatur/Maus bedienen lassen.

Ein Ende ist nicht absehbar: Heute spricht man vom *Internet der Dinge* und meint damit, dass Internet bzw. World Wide Web in nahezu jedem Gegenstand möglich sind, z. B. im Auto, Fernseher, in der Uhr, Brille oder Kleidung. Zukünftig wird das Web vermutlich auch komplett ohne Hardware auskommen, mit virtuellen Tastaturen und Displays, die auf eine beliebige Oberfläche projiziert werden können.

**Responsive Web**

Die Vielzahl neuer Geräte stellt eine Herausforderung für Webdesigner/innen und -entwickler/innen dar, da eine Webseite natürlich möglichst auf allen Geräten optisch ansprechend und gut lesbar dargestellt werden sollte.

State of the Art ist heute sogenanntes *Responsive Webdesign*. In diesem Begriff steckt das englische Wort *response* (dt.: Antwort, Reaktion). Gemeint ist hiermit eine Reaktion auf das jeweilige Endgerät, d. h., dass sich Layout und Inhalt der Webanwendung automatisch an das Display des Endgeräts anpassen (siehe Seite 46).

Heute kommen im Wesentlichen zwei Vorgehensweisen zum Einsatz:

- Sogenannte *Frameworks* wie Ruby on Rails oder Bootstrap bieten eine gute Unterstützung bei der Erstellung responsiver Seiten.

- *Content-Management-Systeme* wie WordPress oder Joomla! stellen fertige (responsive) Vorlagen bereit, die lediglich an die eigenen Bedürfnisse angepasst werden müssen.

**Social Web**

Das World Wide Web hat sich vom Nur-Lese-Web zum Mitmach-Web weiterentwickelt. An *Social Media* wie Facebook, Instagram, TicToc und Twitter kommt heute kein Unternehmen, keine Institution und auch keine politische Partei vorbei. Likes, Kommentare und Rezensionen entscheiden häufig über den Erfolg eines Produktes oder einer Kampagne.

*UX-Design*, UX kürzt die Begriffe User Experience ab, verfolgt das Ziel, Webangebote zum Erlebnis werden zu lassen. Die Nutzer wollen nicht nur konsumieren, sie wollen unterhalten werden und mitmachen.

**Semantic Web**

Wenn Sie im Browser den Begriff „Fliege“ eingeben, dann ist unklar, ob Sie das Tier oder das Kleidungsstück meinen. Wir Menschen entnehmen dies aus dem Kontext, also aus dem sprachlichen Zusammenhang. Wenn Sie sagen: „Ich brauche eine Fliege für den Abschlussball“, weiß jeder, dass Sie das Kleidungsstück meinen.

Semantik können Sie mit Inhalt oder Bedeutung übersetzen. Durch den Einsatz von *Künstlicher Intelligenz (KI)* werden auch Computer immer besser darin, die menschliche Sprache zu verstehen und richtig zu interpretieren. Google hat schon vor einiger Zeit öffentlich demonstriert, dass ein Computer ein Telefonat mit einem Frisör führen kann, um einen Termin zu bekommen.

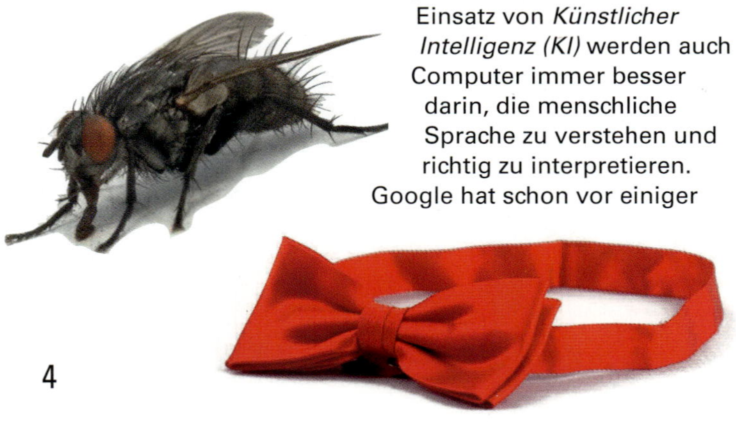

Zur Bedienung und Nutzung von Webanwendungen wird die Spracheingabe zukünftig eine immer wichtigere Rolle spielen. Auch die Analyse von Bildern wird stetig verbessert, denken Sie an die Gesichtserkennung in Fotos.

Die Möglichkeiten eines semantischen, „intelligenten“ und KI-unterstützten Webs sind nahezu unerschöpflich. Mit etwas Fantasie lassen sich beliebig viele weitere Szenarien entdecken – ein völlig neues Gebiet für Webentwickler/-innen.

**Extended Reality**

*Extended Reality (XR)* ist ein Überbegriff für Technologien, die die Verbindung mit computergenerierte Welten ermöglichen. Bei *Augmented Reality (AR)* werden reale Bilder, z. B. der Smartphone-Kamera, durch digitale Daten ergänzt. Anwendungsbeispiele sind die digitale Anzeige von Informationen, die bei der Bedienung oder Reparatur einer Maschine helfen, oder ein Stadtrundgang mit Erklärungen zu den betrachteten Gebäuden.

Bei *Virtual Reality (VR)* handelt es sich, wie der Name sagt, um eine komplett virtuelle Welt, in die der Nutzer mit Hilfe einer entsprechenden Brille eintauchen kann. Ein Beispiel hierfür ist das Erlernen von Abläufen, die im realen Leben zu gefährlich wären, z. B. der Umgang mit Chemikalien oder mit Starkstrom.

Facebook-Chef Mark Zuckerberg träumt bereits von einem *Metaverse*, einer rein virtuellen Welt, in der sich jede/r mit Hilfe eines Avatars bewegen wird. Die Frage ist nur: Wollen wir das?

## 1.2 Disziplinen des Webdesigns



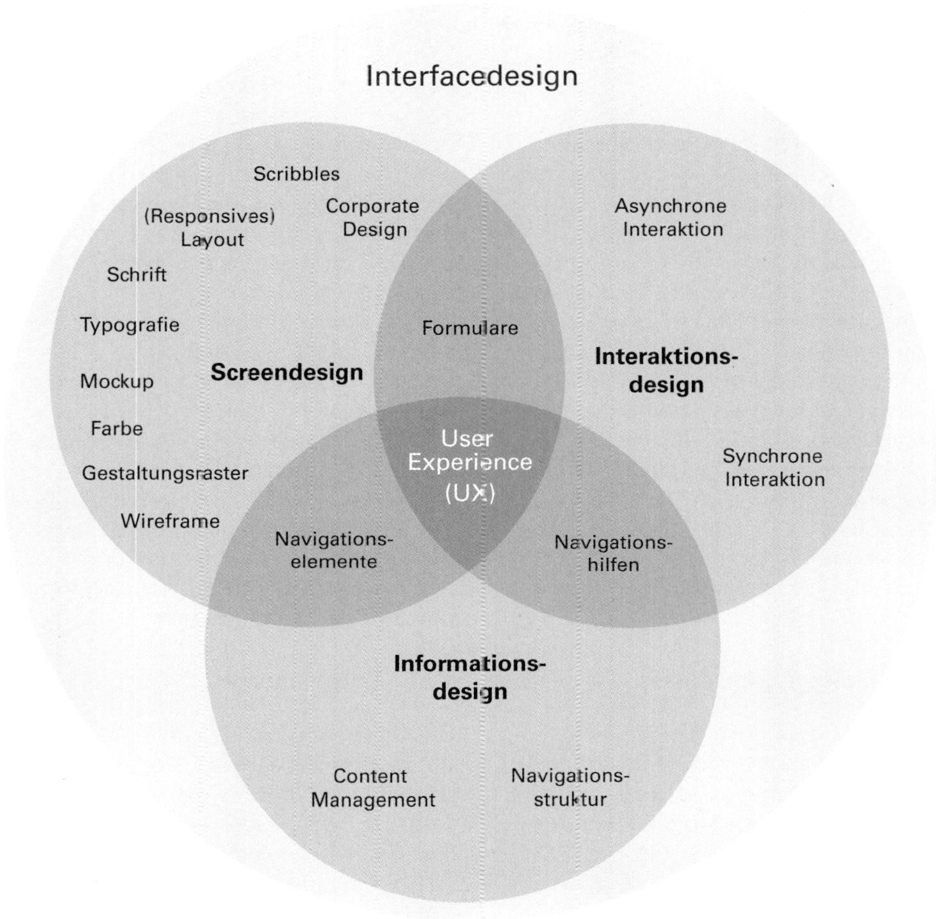


**Disziplinen des Webdesigns**

Im Zentrum steht die User Experience, das Ziel, dem Nutzer ein Erlebnis zu bieten.

### 1.2.1 UX-Design

„Der Kunde ist König." Dieser abgedroschene Satz aus der Werbung trifft jedoch auch auf die Entwicklung moderner Webanwendungen zu. Der Begriff *User Experience* (UX, dt.: Nutzererfahrung oder Nutzererlebnis) beschreibt sämtliche Aspekte, die bei der Nutzung einer Webanwendung eine Rolle spielen. In der Grafik oben haben wir versucht, diese in einer Übersicht darzustellen. Bitte beachten Sie, dass Sie in der Literatur auch andere Darstellungen finden. Dies hängt damit zusammen, dass sich viele Begriffe nicht eindeutig voneinander abgrenzen lassen.

### 1.2.2 Interfacedesign

Jedes Produkt, und hierzu zählen auch Webseiten oder Apps, besitzt ein Interface (dt.: Schnittstelle) zwischen Nutzer und Produkt. Im Falle von digitalen Medien wird diese Schnittstelle durch die Benutzeroberfläche der Website oder App gebildet. Die „Kommunikation" mit der Anwendung kann mit Hilfe der

Maus, einer Tastatur, dem Finger, einem Stift, per Sprachbefehl oder Gesten erfolgen.

Interfacedesign bedeutet, diese Benutzerschnittstelle so zu gestalten, dass sich die Nutzer intuitiv, also ohne längere Übungsphasen, in der Anwendung zurechtfinden. Man spricht hierbei von *Usability*, was mit „Gebrauchstauglichkeit" oder, etwas freier, mit „Benutzerfreundlichkeit" übersetzt werden kann.

Eine weitere Anforderung an das Interface einer Webanwendung ist die sogenannte *Accessibility* (dt.: Zugänglichkeit). Diese besagt, dass eine Webanwendung allen Menschen – auch Menschen mit Behinderung – zugänglich sein muss. Wir sprechen davon, dass eine Webanwendung barrierefrei sein muss (siehe Seite 34).

### 1.2.3 Informationsdesign

Bei einem Fachbuch ist die Sache relativ einfach: Sämtliche Informationen werden linear, also Seite für Seite, nacheinander angeordnet. Über das Inhaltsverzeichnis kann der Leser direkt zur gewünschten Stelle „navigieren".

Bei digitalen Medien wie Webseiten oder Apps sind die Navigationsmöglichkeiten deutlich komplexer, weil Informationen horizontal, vertikal und, z. B. in einem Video, zeitlich nacheinander angeordnet werden können.

Informationsdesign beschäftigt sich mit der Frage nach einer möglichst intuitiv verständlichen Informationsstruktur. Hierbei geht es auch um die Frage, welche Hilfen dem Nutzer angeboten werden müssen, damit er sich in der Applikation zurechtfindet.

### 1.2.4 Interaktionsdesign

Beim Interaktionsdesign geht es darum, wie der Nutzer über ein digitales Produkt mit dessen Anbieter „interagieren", also mit ihm in Kontakt treten kann. Die am häufigsten verwendete Interaktionsform dürfte zurzeit das Formular sein, z. B., um in einem Suchfeld einen Begriff einzugeben.

Interaktion kann alternativ aber auch in direkter Form erfolgen, z. B. per Spracheingabe. Dies ist beispielsweise für Menschen mit körperlicher Einschränkung eine wesentliche Voraussetzung für die Nutzung des Internets.

Interaktionsmöglichkeiten durch Gesten, Blicke oder sogar Gedanken sind in der Entwicklung und werden uns in den nächsten Jahren mit Sicherheit gänzlich neue Möglichkeiten bieten.

### 1.2.5 Screendesign

Die Gestaltung der (visuellen) Oberfläche einer Webanwendung wird als Screendesign bezeichnet. Das „Look & Feel" ist maßgeblich dafür verantwortlich, ob uns das Produkt gefällt oder nicht. Hierzu passt die Übersetzung von User Experience mit „Nutzererlebnis": Wir Menschen wollen etwas erleben, Spaß haben, motiviert und unterhalten werden. Gelingt dies nicht, werden wir uns nach etwas anderem umsehen.

Gutes Screendesign orientiert sich also immer am Nutzen und beschäftigt sich mit Fragen wie:

- Fühlt sich der User wohl?
- Findet er sich zurecht?
- Erfüllt die Anwendung seine Erwartungen?
- Findet er ihr Design ansprechend?
- Hat er Spaß dabei?

## 1.3 Webdesign – Printdesign

| Kriterium | Webdesign | Printdesign |
|---|---|---|
| Format | Monitore, Tablets: Querformat, Smartphones: Hochformat | meistens Hochformat, oft DIN-A-Reihe (1:1,41) |
| Schriftauswahl | Schriftwahl eingeschränkt (Systemschriften oder Webfonts) | Schriftwahl beliebig |
| Typografie | nur Makrotypografie, Umbruch passt sich an Endgerät an | Makro- und Mikrotypgrafie, Umbruch bleibt im Druck erhalten |
| Farbgestaltung | additive Farbmischung (RGB), keine Farbverbindlichkeit | subtraktive Farbmischung (CMYK), Farbverbindlichkeit durch Colormanagement |
| Datenmenge | sollte möglichst niedrig sein, damit Ladezeit gering ist | spielt (fast) keine Rolle |
| Pixeldichte der Bilder | mittel bis hoch, z. B. 200 – 600 pp (Pixeldichte hängt vom Display ab) | hoch, z. B. 300 dpi (Pixeldichte hängt von Druckausgabe ab) |
| Interaktion | zahlreiche Möglichkeiten z. B. Texteingabe, Sprache, Gesten | nicht möglich |
| Navigation | über Hyperlinks beliebige (nichtlineare) Verknüpfung der Inhalte | nur linear durch Blättern (Seitenzahlen, Inhalts-, Stichwortverzeichnis als Hilfe) |
| AV-Medien | Sound, Video, 2D-Animation, 3D-Animation | nicht möglich |
| Aktualisierung | einfach und kostengünstig über Datenbank | aufwändig und kostspielig, da Nachdruck notwendig |
| Verfügbarkeit | global auf jedem internetfähigen Endgerät | regional, national, selten international (Bücher, Zeitungen) |
| Voraussetzungen | Kenntnis der verwendeten Sprache, Umgang mit Endgerät | Kenntnis der verwendeten Sprache |
| Kosten | Webdesign, Webentwicklung, Support | Satz, Druck, Vertrieb, Lager, abhängig von Auflage |

**Webdesign – Printdesign**

In der Tabelle finden Sie die wesentlichen Merkmale und Unterschiede zwischen Web- und Printdesign.

Webdesign unterscheidet sich von Printdesign in vielen Bereichen grundlegend. Während es Printdesigner/-innen gewohnt sind, ihre Layouts auf einem vorgegebenen Format und mit einem festen Gestaltungsraster zu erstellen, entwerfen Sie als Webdesigner/-in Ihre Layouts unabhängig von einem bestimmten Endgerät. Darüber hinaus werden Sie normalerweise mit einem Layout nicht auskommen, sondern brauchen beispielsweise drei Entwürfe für Smartphones, Tablets und große Displays. Typografische Feinheiten wie ein schöner Zeilenfall oder ein harmonisches Schriftbild sind im Web nicht oder kaum möglich.

Wie wir im letzten Kapitel gesehen haben, bieten sich dafür zahllose Möglichkeiten der Interaktion oder der multimedialen Aufbereitung der Inhalte. Die Aktualisierung der Inhalte kann bei Webanwendungen in Echtzeit erfolgen.

Dennoch – so hoffen wir zumindest – wird es auch zukünftig Printprodukte geben. Denn das haptische Erlebnis dieser Produkte ist nicht zu unterschätzen, insbesondere, wenn sie durch entsprechende Druckveredelung hochwertig und ästhetisch ansprechend sind.

Nicht umsonst heißt der Ausbildungsberuf Mediengestalter/-in Digital *und* Print und bietet die Möglichkeit, beide Welten kennenzulernen.

## 1.4 Aufgaben

### 1 Webdesign erklären

a. Nennen Sie die drei wesentlichen Merkmale von Webseiten:

b. Beschreiben Sie anhand von Beispielen, weshalb sich der Beruf des/der Webdesigners/-in in den letzten Jahren stark verändert hat.

### 2 Responsive Webdesign definieren

Definieren Sie kurz:
a. Responsive Webdesign

b. Internet der Dinge

c. Semantic Web

### 3 Webdesign erklären

Begründen Sie stichwortartig, weshalb sich Webdesigner/-innen auch in technologischen Fragen rund um das Internet auskennen müssen.

### 4 Web- und Printdesign gegenüberstellen

Vergleichen Sie die Anforderungen an Web- und Printdesign hinsichtlich folgender Kriterien:

a. Wahl des Formats

b. Typografische Gestaltung

c. Farbgestaltung

d. Pixeldichte und Datenmenge

e. Interaktive Möglichkeiten

f. Multimediale Möglichkeiten

g. Möglichkeiten der Aktualisierung

h. Verfügbarkeit

### 5 Vorteile digitaler Medien kennen

Zählen Sie fünf Vorteile digitaler Medien im Vergleich zu Printmedien auf.

1.
2.
3.
4.
5.

### 6 Entwicklung der Printmedien beurteilen

*„Haben Printmedien eine Zukunft?"*

a. Notieren Sie Argumente, die dafür sprechen.

b. Notieren Sie Argumente, die dagegen sprechen.

c. Diskutieren Sie das Thema mit Mitschülern und -schülerinnen oder Mitstudierenden.

## 2.1 Content und Design

### 2.1.1 Begriffsbestimmung

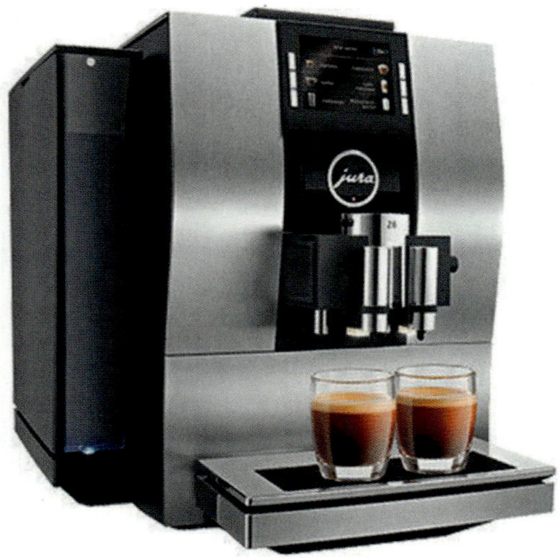

Lassen Sie uns diesen Abschnitt mit einem Ausflug in den Bereich des Produktdesigns beginnen:

Die Funktion eines Kaffeeautomaten besteht darin, auf Knopfdruck die gewünschte Menge Kaffee zuzubereiten und in eine Tasse zu füllen. Hierzu muss der Automat Bohnen mahlen, Wasser zum Kochen bringen und unter Druck durch die gemahlenen Bohnen pressen. Der Inhalt *(Content)* des Automaten besteht also aus einer Vielzahl mechanischer und elektronischer Komponenten, deren Zusammenspiel von den Produktingenieuren und -ingenieurinnen ausgeklügelt werden muss.

Sind alle technischen Probleme gelöst, wird das Gerät in ein möglichst billiges Plastikgehäuse gesetzt und fertig ist der Kaffeeautomat.

Halt! Obwohl dieses Gerät einwandfrei funktioniert, würde es niemand kaufen. Denn wir Käufer wollen nicht nur ein funktionierendes, sondern auch ein gestaltetes Produkt – wir wollen *Design*!

An der Entwicklung werden deshalb Designer/-innen beteiligt sein, um das Produkt nach ihren Kriterien zu entwerfen:

- Ästhetik, äußere Gestalt
- Haptik
- Ergonomie, Benutzerfreundlichkeit
- Materialien, Werkstoffe
- Produktionskosten
- Recycling
- ...

Die äußere Form des Automaten, sein Design, bildet die Schnittstelle zum Kunden: Aus der Übersetzung von „Schnittstelle“ (engl.: interface) leitet sich der Begriff *Interfacedesign* ab.

Auch bei der Konzeption (multi-)medialer Produkte müssen Sie zwischen Content und Design unterscheiden. Unter dem *Content* verstehen wir hierbei die Gesamtheit an Informationen, die der Anbieter in Form von Texten, Bildern, Dateien, eventuell auch als Video- oder Soundclips, anbietet. Vor allem von der Informationsmenge hängt es ab, in welcher Form die Inhalte verwaltet werden – man spricht von *Content Management*.

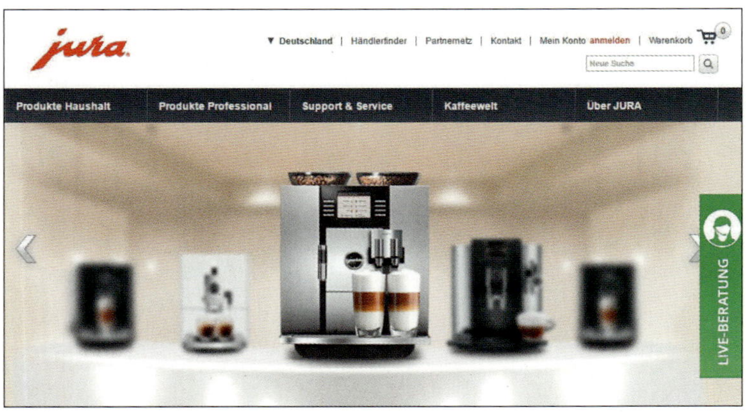



P. Bühler et al., *Webdesign*, Bibliothek der Mediengestaltung,
https://doi.org/10.1007/978-3-662-66665-4_2

Aufgabe des Web- bzw. Interfacedesigns ist es analog zum Produktdesign, sich um die äußere Form und Gestaltung der Benutzeroberfläche *(User Interface)* zu kümmern. Man spricht deshalb auch vom *UI-Design*, also dem Design des User Interface, und betrachtet u. a. folgende Aspekte:

- Ästhetik
- Gestaltung
- Usability
- Benutzerführung
- Accessibility (Barrierefreiheit)
- Informationsdesign
- Interaktionsdesign
- ...

Bei der Konzeption sollten Sie von Anfang an darauf achten, dass die beschriebene Trennung von Content und Design konsequent eingehalten wird. Interface- oder UI-Design muss losgelöst vom Inhalt erfolgen, so dass beides unabhängig voneinander verändert werden kann. Denn wir haben es heute mit einer großen Vielzahl an Endgeräten zu tun – vom kleinen Smartphone bis zum großen Cinema-Display. Der Content muss also flexibel bzw. responsiv an das jeweilige Endgerät angepasst werden, und dies funktioniert nur, wenn er vom Design getrennt wird.

## 2.1.2 Content Management

Die Forderung lautet also:

**Regel 1**

Trenne konsequent den Inhalt (Content) einer Webanwendung von ihrer Gestaltung (Design)!

Wie lässt sich die geforderte Trennung nun in die Praxis umsetzen? Hierbei müssen Sie zwischen zwei Ansätzen unterscheiden: statische Strukturen und dynamische Strukturen z. B. über Content-Management-Systeme.

**Statische Webanwendungen**

Für Kundenpräsentationen werden digitale Prototypen benötigt, die das Look & Feel einer Webanwendung zeigen, aber noch nicht den vollen Funktionsumfang besitzen. Um die Erstellung zu vereinfachen, kommt hierfür eine Prototyping-Software wie *Adobe XD* zum Einsatz (siehe Seite 56).

Auch kleinere Webanwendungen für eine feste Displaygröße, wie z. B. für einen Messestand oder für eine Kaffeemaschine, können manuell erstellt werden.

Wird der Content dabei konsequent in HTML- und das Layout in CSS-Dateien

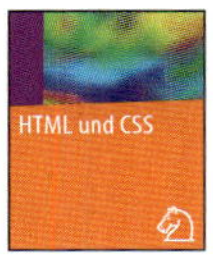


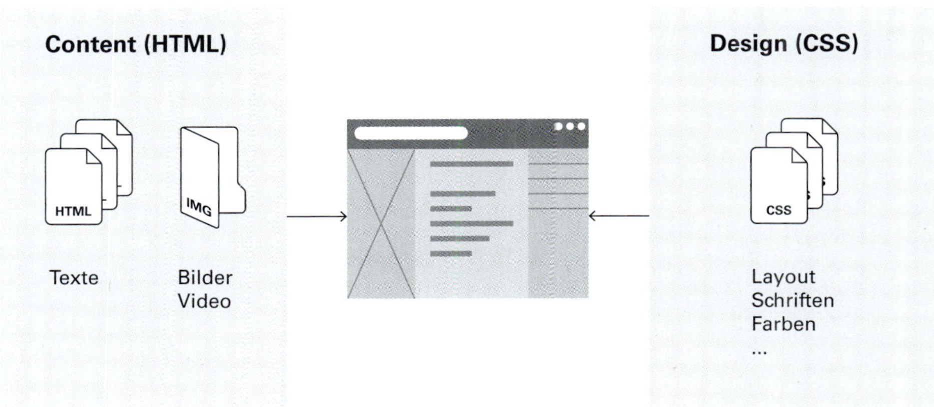


**Statische Webanwendungen**

Merkmal einer statischen Website ist, dass für jeden Screen eine eigene HTML-Datei erforderlich ist.

Die Aktualisierung der Inhalte ist schwierig. Für größere Webauftritte ist diese Struktur deshalb nicht brauchbar.

gespeichert, dann ist die Forderung nach einer Trennung von Content und Design erfüllt.

Derartige Webanwendungen mit festem Layout und unveränderlichem Inhalt bezeichnet man als *statisch*. Inhalt und/oder Layout können nur in den jeweiligen Originaldateien verändert werden. Die Pflege eines statischen Internetauftritts kann aus diesem Grund nicht vom auftraggebenden Kunden selbst vorgenommen werden, sondern bleibt der ausführenden Agentur vorbehalten. Für den Kunden bedeutet dies Folgekosten, die bereits bei der Angebotserstellung berücksichtigt werden müssen. Aufgrund der Unflexibilität und des hohen Aufwands bei Änderungen gilt:

**Regel 2**

Statische Webanwendungen eignen sich nur für digitale Prototypen oder bei fester Displaygröße.

### Dynamische Webanwendungen

Für größere Webauftritte ist die statische Struktur ungeeignet, da sie sehr viele HTML-Seiten erfordern würde, deren Aktualisierung enorm aufwändig und damit zu teuer wäre.

Die Grundidee einer dynamischen Website ist, den gesamten *Content* in einer Datenbank zu verwalten. Auf eine Datenbank können auch technische Laien über eine Weboberfläche *(Frontend)* zugreifen und damit die Inhalte des Internetauftritts ohne technische Kenntnisse editieren.

Das *Design* der Seite wird separat vom Inhalt in CSS-Dateien und in einer Vorlagen-Datei gespeichert, die als *Template* bezeichnet wird. Templates sind mit Musterseiten aus InDesign oder dem Folienmaster in PowerPoint vergleichbar. Alle Seiten bzw. Folien, die mit derselben Vorlage erstellt werden, besitzen auch dasselbe Layout. Änderungen der Vorlage wirken sich auf alle Seiten aus.

Der große Vorteil dieser Vorgehensweise ist, dass die erforderliche Anpassung des Layouts an die unterschiedlichen Endgeräte möglich wird.

HTML-Seiten werden bei dieser Vorgehensweise *dynamisch* – also nach Bedarf – erzeugt, wenn sie durch den Benutzer angefragt werden. Denken Sie an Google, wo nach Eingabe eines Suchbegriffs eine Seite mit den Ergebnissen erzeugt wird. Die Inhalte werden dabei mit Hilfe einer Programmierspra-

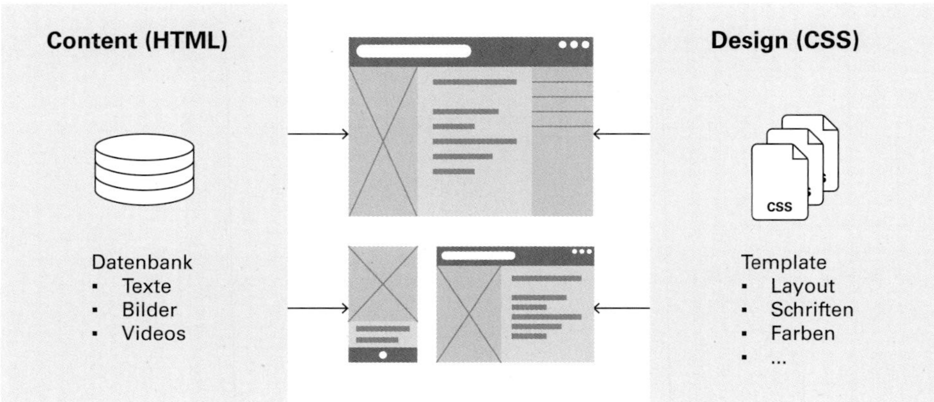


**Dynamische Webanwendungen**

Der Begriff „dynamisch“ bedeutet, dass die HTML-Seite erst auf Anfrage des Benutzers (Suchbegriff oder Buttonklick) erzeugt wird.

Alle Inhalte werden in einer Datenbank verwaltet, das Design ist in sogenannten Templates gespeichert.

che aus einer Datenbank gelesen und im Template platziert.

Eine Software zur Erstellung und Verwaltung dynamischer Webanwendungen heißt Content-Management-System, häufig mit *CMS* abgekürzt.

**Regel 3**

Dynamische Webanwendungen werden mit Hilfe eines Content-Management-Systems erstellt.

(Achtung: Leider steht CMS auch für Color-Management-System.)

### 2.1.3 Content-Management-Systeme

Bei einem Content-Management-System wird das im vorherigen Abschnitt beschriebene Konzept dynamischer Webanwendungen konsequent verfolgt und damit die Struktur und Gestaltung vom Content getrennt.

Der Content wird in einer Datenbank verwaltet, für die unterschiedliche Zugriffsrechte vergeben werden: Während Administratoren die Struktur der Webanwendung verändern dürfen, können Autoren oder Editoren nur Beiträge erstellen, editieren oder löschen. Auf diese Weise wird es möglich, dass ein Kunde seinen Webaufritt, z. B. ein Shopsystem, selbst pflegen kann, ohne dass er hierfür Kenntnisse in der Erstellung von Webseiten benötigt.

Die Vorteile der Erstellung von Webseiten mit Hilfe eines CMS sind so überzeugend, dass heute die überwiegende Mehrheit aller Webauftritte mit Hilfe eines derartigen Systems erstellt werden. Mittlerweile gibt es Hunderte von Content-Management-Systemen auf dem Markt. Diese unterscheiden sich hinsichtlich Kosten und Leistungsumfang. Die Auswahl des geeigneten CMS ist eine wichtige konzeptionelle Entscheidung. Die größte Verbreitung haben derzeit (Stand: 2022)[1]:

- WordPress (43 %)
- Shopify (4,0 %)
- Wix (2,4 %)
- Squarespace (2 %)
- Joomla! (1,6 %)
- Drupal (1,2 %)

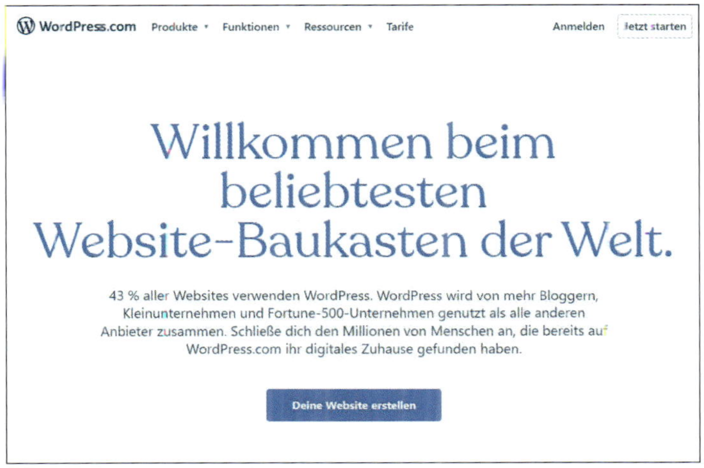


Mit einem Marktanteil von über vierzig Prozent führt *WordPress* das Ranking der Content-Management-Systeme mit großem Abstand an.

Bei WordPress handelt es sich um eine Open-Source-Software, die Sie kostenlos und lizenzfrei nutzen dürfen. Für Ihre Webanwendung können Sie auf auf eine riesige Anzahl an Templates, bei WordPress als *Themes* bezeichnet, zurückgreifen. Alternativ können Sie, entsprechendes Know-how vorausgesetzt, auch eigene Themes erstellen. Gute CSS-Kenntnisse sind hierfür allerdings unbedingt erforderlich.

**Content-Management-System**

WordPress ist das mit Abstand am weitesten verbreitete Content-Management-System.

Nutzer können aus einer sehr großen Zahl von Designvorlagen (Templates) auswählen.

1 Quelle: https://de.statista.com/statistik/daten/studie/320685/umfrage/nutzungsanteil-der-content-management-systeme-cms-weltweit (abgerufen am 10.11.2022).

## 2.2 Usability

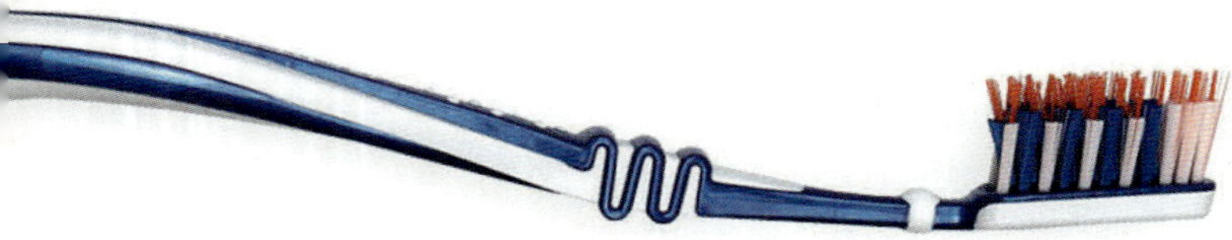

### 2.2.1 User Interface (UI)

Gehen Sie doch einmal in Ihr Bad und betrachten Sie dort Ihre Zahnbürste: Sie werden feststellen, dass diese einen speziell geformten Griff besitzt, der möglicherweise aus unterschiedlichen Materialien besteht. Vermutlich ist er an einigen Stellen geriffelt oder mit Noppen versehen. Die Borsten werden unterschiedliche Längen aufweisen und in bestimmter Art und Weise gruppiert sein. Weshalb ist eine schlichte Zahnbürste ein derart aufwändiges und teuer zu produzierendes Gebilde?

Die Antwort ist einfach: Der Hersteller hat versucht, die Zahnbürste möglichst optimal an die *Ergonomie* der menschlichen Hand (Griff) sowie des Gebisses (Kopf mit Borsten) anzupassen. Anders gesagt: Die Schnittstelle (engl.: interface) zwischen Mensch (engl.: user) und Produkt wurde optimiert. Zusammengefasst spricht man vom *User Interface (UI)* oder auch von der Benutzeroberfläche.

**User Interface**

Sowohl reale als auch digitale Produkte besitzen eine Schnittstelle (engl.: interface) zum Nutzer (engl.: user) – als User Interface bezeichnet.

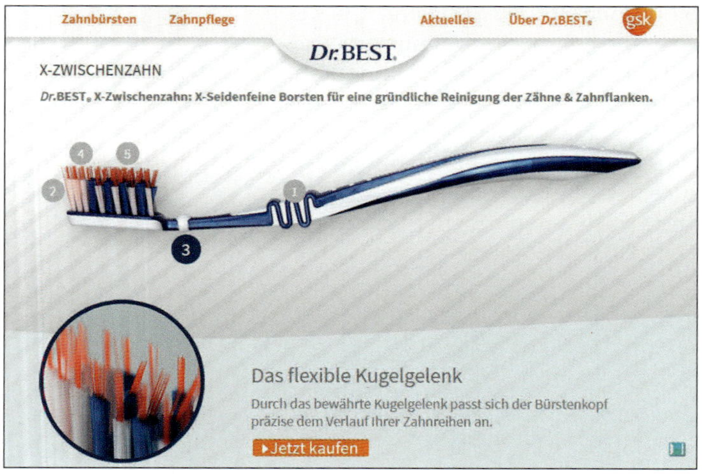


Auch an einem Smartphone gibt es mehrere Schnittstellen zwischen Mensch und Gerät, z. B. Gehäuse, Tasten, Touchscreen. Alle Komponenten sollten so geformt und beschaffen sein, dass sie für den User ein möglichst ergonomisches Design bieten. Diese Forderung gilt jedoch nicht nur für Hardware: Auch jede Software besitzt eine Schnittstelle zur Kommunikation zwischen Nutzer und (digitalem) Produkt.

UI-Design beschäftigt sich also mit Fragen, wie eine derartige Oberfläche beschaffen sein muss, damit sie ihren Zweck optimal erfüllt. Hierbei geht es primär nicht darum, eine Oberfläche „schön" aussehen zu lassen, sondern um Fragen der Benutzerfreundlichkeit.

### 2.2.2 Usability

Usability wird meistens mit *Benutzerfreundlichkeit* übersetzt. Gemeint ist damit wörtlich, dass eine Benutzeroberfläche „freundlich zum Benutzer" sein muss. Weitere Begriffe für Usability sind Bedienbarkeit, Brauchbarkeit, Nutzbarkeit oder – gemäß DIN EN ISO 9241 – Gebrauchstauglichkeit.

Usability beschäftigt sich mit folgenden Fragen zur Gestaltung von Benutzeroberflächen:

- Wie müssen die Bedien- und Navigationselemente gestaltet und angeordnet werden, damit sich der Nutzer schnell zurechtfindet?
- Welche interaktiven Elemente sind erforderlich, um dem Nutzer die Kommunikation mit dem Anbieter der Website zu ermöglichen?
- Wie kann ein Nutzer bei der Bedienung der Website unterstützt werden?

- Wie müssen Informationen gegliedert werden, damit sie logisch nachvollziehbar sind und möglichst schnell gefunden werden?
- Wie müssen Texte geschrieben werden, damit sie möglichst kurz und gut verständlich sind und alle wichtigen Informationen enthalten?
- Wie lässt sich Ermüdung am Bildschirm vermeiden?
- Wie lässt sich das Auge des Betrachters durch gezielte Blickführung lenken?
- Wie kann auch Menschen mit Behinderung, z. B. Blinden, ein Zugang zur Website ermöglicht werden?
- Wie kann verhindert werden, dass der Nutzer zu einer anderen Site „weitersurft"?
- Wie kann erreicht werden, dass eine Website langfristig erfolgreich ist?

Sie sehen, dass Usability wesentlich mehr beinhaltet als die als Screendesign bezeichnete Gestaltung einer Benutzeroberfläche.

## 2.2.3 Usability-Tests

Mittlerweile gibt es zahlreiche Bücher, die sich ausschließlich mit der Frage beschäftigen, wie die Usability einer Webapplikation optimiert werden kann. Der Grund hierfür ist offensichtlich: Über Erfolg oder Misserfolg entscheidet maßgeblich, ob die User einen einfachen Zugang zum Produkt erhalten oder ob sie es nach erfolglosen Nutzungsversuchen genervt verlassen.
Um die Usability eines Produktes zu untersuchen, gibt es mehrere Möglichkeiten, die entweder in einem Testlabor oder als Feldversuch stattfinden. Der Vorteil des Labors besteht in den besseren Analysemöglichkeiten. Am Feldversuch kann eine größere Stichprobe der Zielgruppe beteiligt werden. Außerdem hat man festgestellt, dass auch die Umgebungsbedingungen (Lichtverhältnisse, Lärm usw.) einen Einfluss auf das Nutzerverhalten haben.

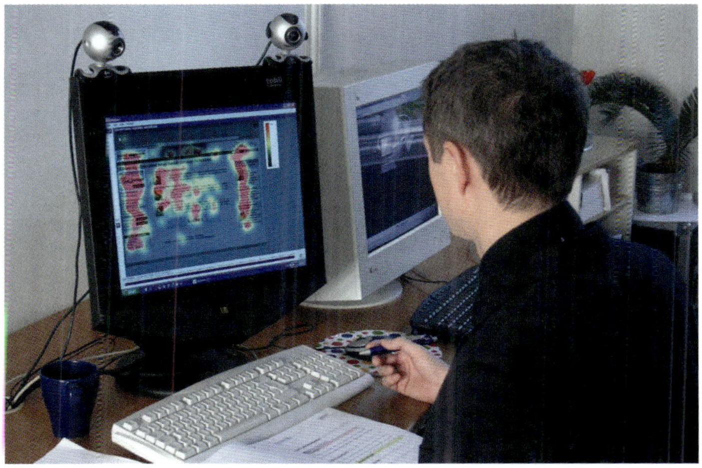

**Eye-Tracking**

Durch Aufzeichnung der Augenbewegung kann untersucht werden, wie sich User auf einer Webapplikation orientieren.

**Fragebogen, Interviews**

Usability-Tests mittels Fragebogen oder Interview werden als Feldversuch, also außerhalb von speziellen Labors, durchgeführt. Hierfür wird eine repräsentative Stichprobe der Zielgruppe gebeten, ein User Interface, z. B. eine Website, nach bestimmten Vorgaben zu testen. Im Anschluss füllen die Probanden einen Fragebogen aus oder sie werden über ihre Beobachtungen telefonisch interviewt.

**Mouse- und Eye-Tracking**

Beim Mouse- und Eye-Tracking werden die Maus- bzw. Augenbewegungen der Versuchspersonen aufgezeichnet. Im Screenshot oben geben die Farben die Verweildauer der Augen auf einer bestimmten Stelle wieder: Grün bedeutet kurze, gelb und rot lange Verweildauer.

Hieraus lassen sich Rückschlüsse auf die Platzierung, Größe, Form und Farben der Seitenelemente ziehen.

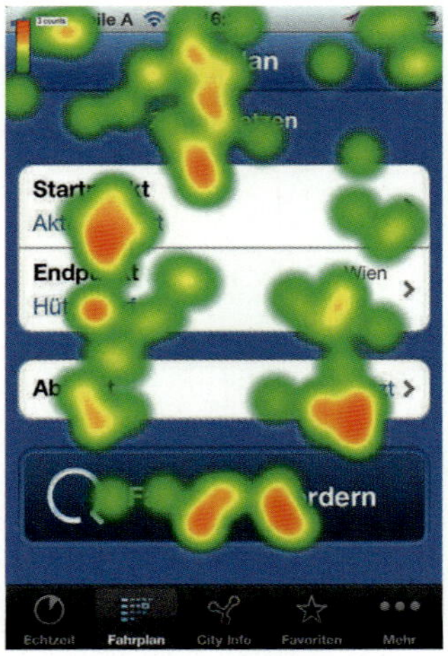


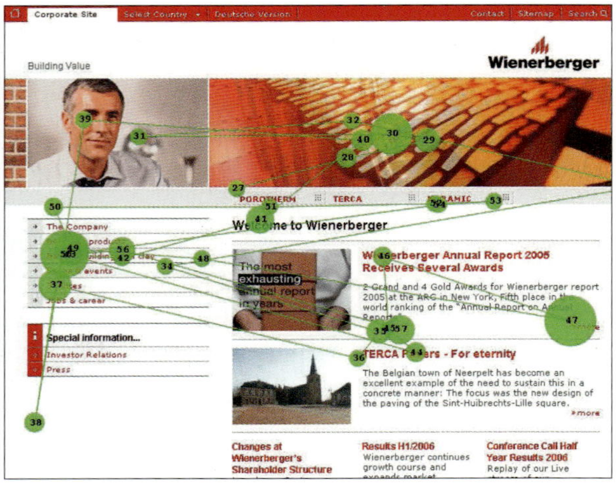


**Eye-Tracking**

Die „Hot Spots" zeigen die Verweildauer der Augen auf bestimmten Stellen: Kurze Verweildauer wird grün, lange Dauer gelb und rot dargestellt.

Die Zahlen im Screenshot rechts geben die Reihenfolge an, in der die Testperson den Screen betrachtet hat.

Möglicherweise müssen auch unverständliche Begriffe ausgetauscht oder Bilder ersetzt werden.

**Cognitive Walkthrough**

Bei diesem Test stellen sich die Usability-Experten konkrete Aufgaben. Beispiele hierfür sind: „Ich will Produkt X bestellen", „Ich will Tickets für ein Konzert Y reservieren" oder „Ich brauche eine Information Z". Sie versetzen sich damit gedanklich in die Lage der späteren Nutzer des Produktes.

Aus der benötigten Zeit sowie der eigenen Vorgehensweise lassen sich Rückschlüsse auf die Verbesserung der Benutzerführung ziehen.

**Lautes Denken**

Bei dieser Methode spricht die Testperson, während sie die Website bedient. Hierdurch ergibt sich der Vorteil, dass auch spontane Eindrücke und Stimmungen dokumentiert und später ausgewertet werden können.

**Videobeobachtung**

Schließlich kann während des Versuchs das Gesicht der Versuchsperson mittels Videokamera gefilmt werden. Bei der Auswertung werden die besuchten Seiten und die Gesichtsmimik parallel betrachtet, um Rückschlüsse aus der Mimik (z. B. fragender, zufriedener, verärgerter Gesichtsausdruck) ziehen zu können.

## 2.2.4 Zielgruppenanalyse

Für ein erfolgreiches „User Interface" ist eine möglichst genaue Kenntnis der potenziellen Zielgruppe von entscheidender Bedeutung.

Während zur professionellen Durchführung Marktforschungsunternehmen beauftragt werden, genügt es bei kleineren Projekten, die Zielgruppe z. B. nach *soziodemografischen Merkmalen* zu untersuchen. In der Tabelle sind wichtige Merkmale zusammengestellt. Aus der Analyse können sich zwei Folgerungen ergeben:

1. Für das geplante Projekt gibt es keine ausreichend große Zielgruppe – es wird eingestellt.
2. Für das geplante Produkt gibt es eine ausreichend große Zielgruppe.

Die beiden Beispiele rechts zeigen, welche Folgerungen Sie aus der Zielgruppe für das UI-Design ableiten können.

| Zielgruppenanalyse nach soziodemografischen Merkmalen | | | |
|---|---|---|---|
| Kriterium | Beispiele | Kriterium | Beispiele |
| Geschlecht | männlich, weiblich, divers | Erwerbsstatus | arbeitslos, Vollzeit, Teilzeit |
| Alter | Kinder, Jugendliche, junge Erwachsene, Best Ager, Senioren | Berufliche Stellung | selbstständig, angestellt, leitend, verbeamtet |
| Familienstand | ledig, verheiratet, geschieden, verwitwet | Einkommen | gering, mittel, hoch |
| Nationalität/Herkunft | deutsch, englisch, französisch, russisch, europäisch, international | Soziale Schicht | Unter-, Mittel-, Oberschicht, Bildungsbürgertum, Arbeiterschicht, Akademiker |
| Wohnort | Stadt, Bundesland, Ost-, Westdeutschland, deutschsprachiger Raum | Gesundheit | gesund, mit Einschränkung, z.B. taub, blind, geistige oder motorische Einschränkung |
| Religionszugehörigkeit | keine, katholisch, evangelisch, orthodox, muslimisch | Medien | Ausstattung, Anzahl, Nutzungsverhalten, Medienkompetenz |
| Haushaltsgröße | Single, Paar, Familie | Verhalten/Aktivität | sportlich, politisch, kulturell, sozial aktiv, zurückgezogen, passiv |
| Bildung | Schulabschluss, Ausbildung, Studium, Berufsabschluss | Kaufverhalten | Kauforte, Markentreue, Preisbewusstsein, Prestige |

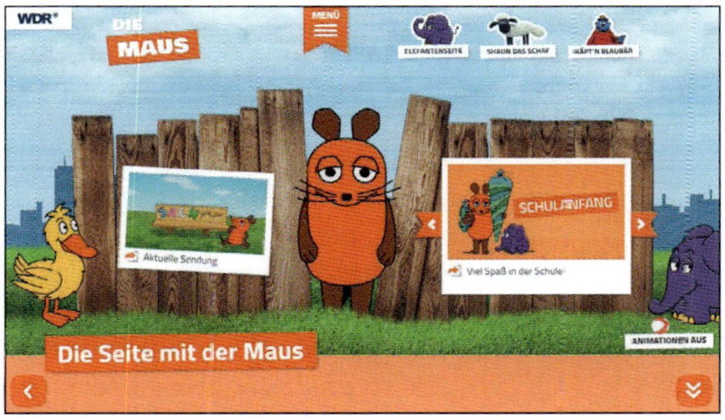


**Beispiel Maus**
Die Website der Maus (wdrmaus.de) zeigt eine gelungene Umsetzung für die Zielgruppe Kinder:

- freundliche, warme Farbgestaltung (Farbe-an-sich-Kontrast),
- Navigation ohne Sprachkenntnisse über kleine animierte Grafiken,
- Animationen und spielerische Elemente motivieren zur Interaktion,
- Integration multimedialer Elemente,
- wenig Text, durch Grafiken ergänzt,
- Benutzerführung wird spielerisch-intuitiv entdeckt.

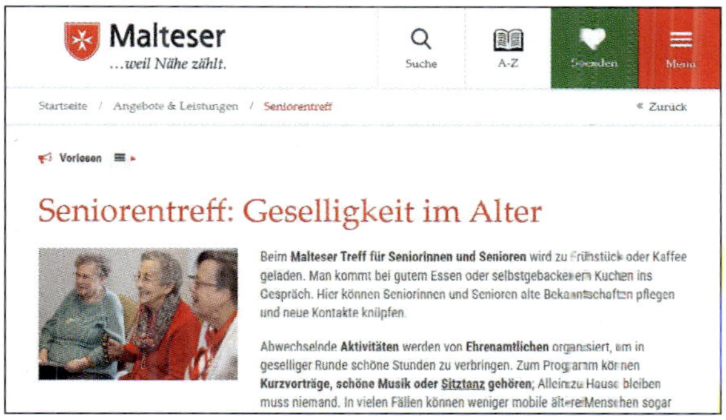


**Beispiel Seniorenportal**
Auf der Website malteser.de/seniorentreff.html finden sich Informationen für die Zielgruppe 70+:

- stark reduzierte Farbgestaltung (Bunt-Unbunt-Kontrast),
- wenig Bilder, optisch im Hintergrund,
- Fokus liegt auf Text,
- gut lesbare typografische Gestaltung,
- wählbare Schriftgröße,
- hoher Kontrast zwischen Text und Hintergrund,
- Suchfeld als Navigationshilfe,
- Vorlese-Funktion.

## 2.3 Informationsdesign

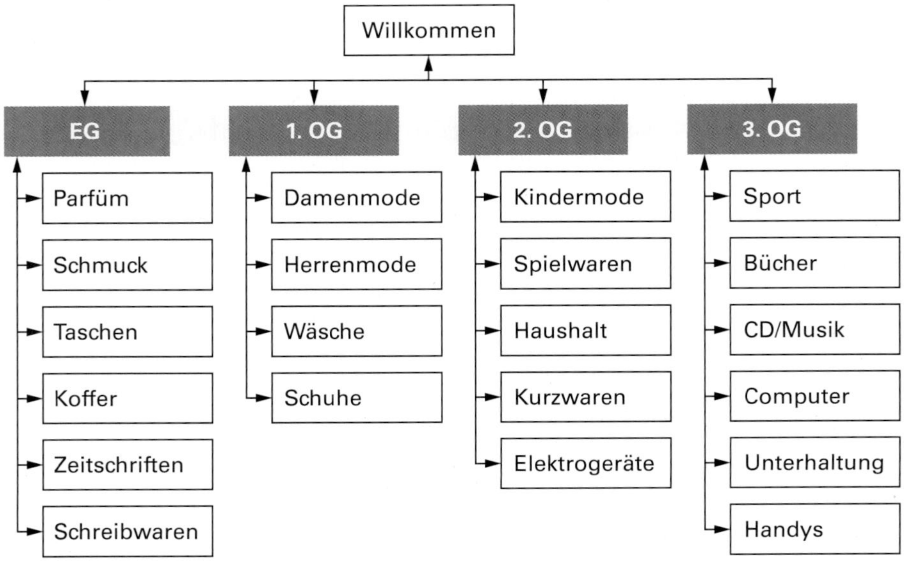


### 2.3.1 Einführung

Den Begriff „Navigation" kennen Sie vermutlich aus der Schiff- oder Luftfahrt: Er bezeichnet die Kursbestimmung von Schiffen bzw. Flugzeugen. Schon längst sind „Navis" auch in Autos und auf dem Handy verfügbar.

Der Begriff wurde auf den Bereich der Digitalmedien übertragen: Die *Navigationsstruktur* bestimmt, welche Möglichkeiten der Anwender hat, sich durch ein Produkt zu bewegen. Während die Navigation in einem Buch oder in einer Zeitung beliebig durch Blättern erfolgen kann, ist der Nutzer in der digitalen Welt auf die zugrunde liegende Struktur angewiesen. Der Aufbau einer solchen Struktur stellt deshalb eine wichtige konzeptionelle Aufgabe dar. Die Navigationsstruktur ist sozusagen das Skelett der digitalen Anwendung. Bei falschem Design wird der Nutzer den gesuchten Inhalt nicht finden und die Site (für immer) verlassen.

Hierzu ein Beispiel aus dem Alltag: Wenn Sie ein großes Kaufhaus betreten, finden Sie im Eingangsbereich einen Wegweiser, der das Kaufhaus nach Stockwerken gegliedert darstellt. Nun suchen Sie ja aber in der Regel eine bestimmte Abteilung und wissen nicht, in welchem Stockwerk sich diese befindet. Es bleibt also nichts anderes übrig, als den gesamten Plan nach dieser Abteilung abzusuchen. Warum um alles in der Welt kommt eigentlich niemand auf die Idee, in einem Kaufhaus einmal einen Plan aufzuhängen, der thematisch oder alphabetisch gegliedert ist?

Wie die Grafik auf der nächsten Seite zeigt, würde diese Struktur die Suche im Kaufhaus deutlich verkürzen und den Kunden schneller zum gewünschten Ziel führen. Doch vermutlich beabsichtigen die Kaufhausbetreiber genau das Gegenteil, damit die Kunden möglichst lange im Kaufhaus verweilen und eventuell ungeplante Einkäufe tätigen.

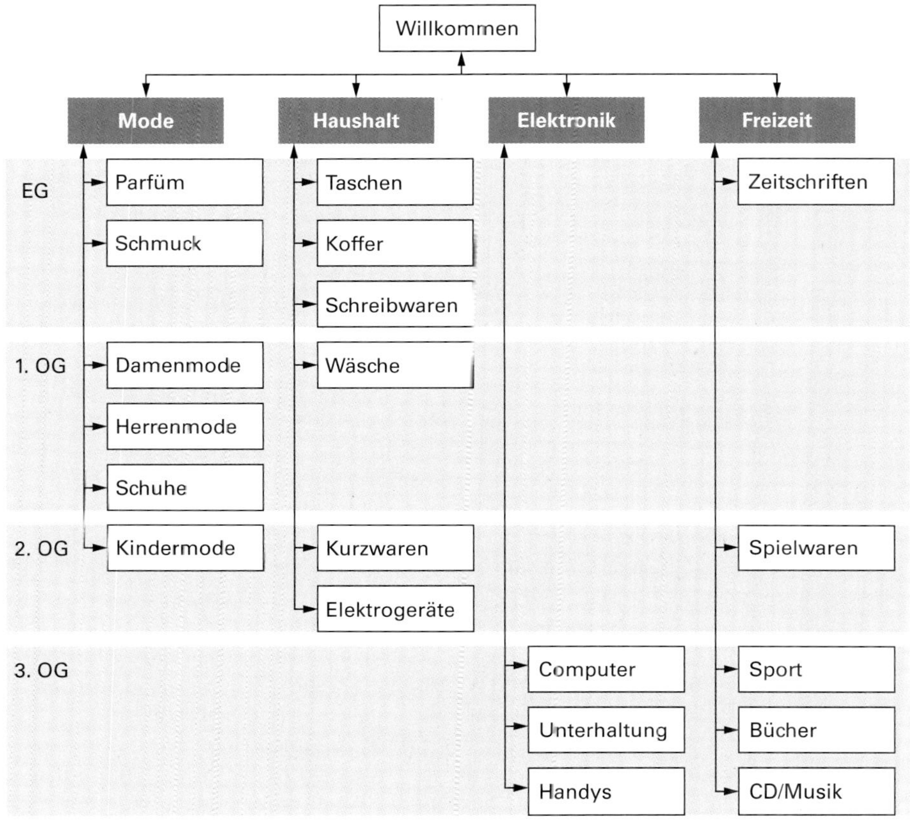


An diesem Alltagsbeispiel sehen Sie, wie groß der Einfluss des Informationsdesigns auf das Nutzerverhalten ist.

Im Folgenden stellen wir Ihnen die drei Grundtypen der Navigation vor: lineare Struktur, Baumstruktur und Netzstruktur. In der Praxis kommen meistens Mischformen vor.

### 2.3.2 Lineare Struktur

Bei einer linearen Abfolge der Screens hat der Nutzer keinerlei Entscheidungsfreiheit, so dass wir im Grunde gar nicht von „Navigation" sprechen können. Der Hauptvorteil dieser Struktur ist, dass die Informationen in einer festgelegten Reihenfolge angeordnet werden können. Dem Nutzer wird diese Reihenfolge vorgegeben, er hat – im wahrsten Sinne des Wortes – keine andere Wahl.

Die lineare Struktur kommt bei *Bildschirmpräsentationen* zum Einsatz, die beispielsweise mit PowerPoint oder Keynote erstellt werden. Da die Screens hierbei zur visuellen Unterstützung eines Vortrages dienen, ist die festgelegte Reihenfolge zwingend erforderlich. Eine Wahlmöglichkeit wird nicht benötigt – Vorwärtsblättern reicht aus.

Im Bereich des Webdesigns waren lineare Strukturen bis vor kurzer Zeit unüblich. Mit der zunehmenden Nutzung mobiler Endgeräte hat sich

**Lineare Navigation**

Die lineare Struktur lässt dem Nutzer keine Auswahl – er kann sich nur in fester Abfolge von einem Screen zum nächsten bewegen.

Die Navigationsstruktur kommt bei Präsentationen, aber auch bei sogenannten Single-Page-Websites zum Einsatz.

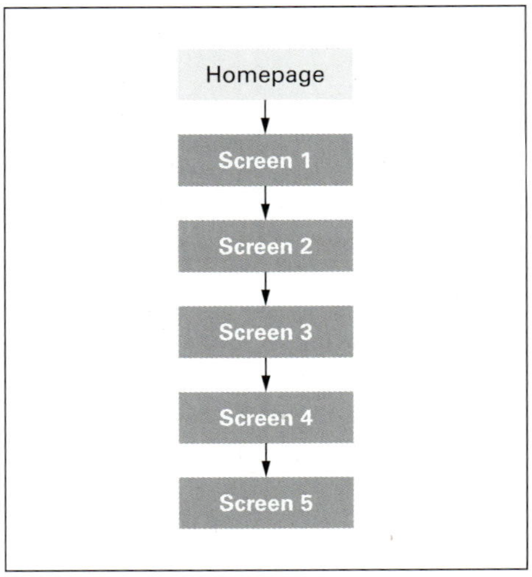


**Single-Page-Design**

Webauftritte, die lediglich aus einem in vertikaler Richtung beliebig langen Screen bestehen, sind derzeit weit verbreitet. Auf https://onepagelove.com können Sie sich inspirieren lassen.

dies geändert. Als *Single-Page-Design* oder *One-Page-Design* bezeichnet man Webseiten, die nur aus einem Screen bestehen. Alle Informationen werden untereinander gepackt. Der Nutzer „navigiert" über die Seite, indem er mit dem Finger wischt oder, falls eine Maus vorhanden ist, am Scrollrad dreht.

Der wesentliche Vorteil des Single-Page-Designs besteht darin, dass der Nutzer selbst entscheidet, in welcher Geschwindigkeit er neue Information zu sehen bekommt. Dies entspricht dem Lesen in einem Buch, nur dass die Infos auf einer Buchseite an Ort und Stelle bleiben und sich Kopf bzw. Augen bewegen, während dies auf Displays umgekehrt ist.

Desktop-PCs oder Laptops besitzen deutlich größere Displays als Smartphones. Hier besteht aus diesem Grund keine Notwendigkeit, die Informationen untereinander anzuordnen, ein zwei- oder dreispaltiger Satz kommt den Lesegewohnheiten deutlich näher.

Sie erkennen an diesem Beispiel, dass beim Entwurf einer Informationsstruktur das Endgerät eine wichtige Rolle spielt. An dieser Stelle kommt *responsives Design* ins Spiel, bei dem sich das Layout flexibel an die unterschiedlichen Endgeräte anpassen muss. Auf einem Smartphone könnte es einspaltig, auf einem Tablet im Querformat zweispaltig und auf dem Monitor dreispaltig sein.

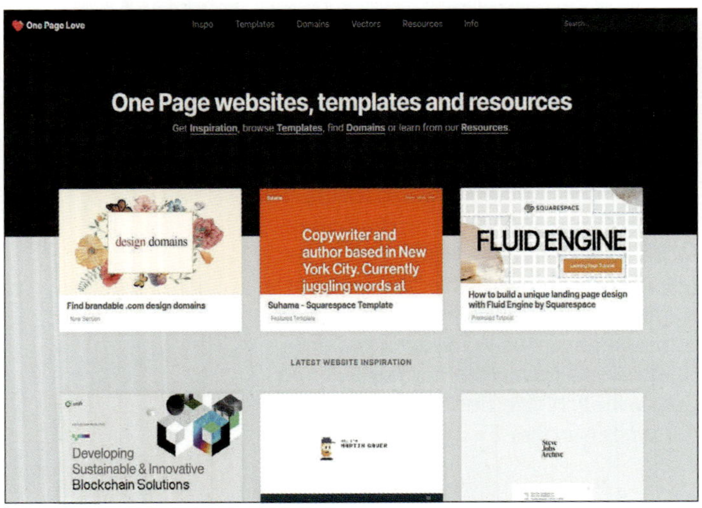


### 2.3.3 Baumstruktur

Die mit Abstand am häufigsten verwendete Navigationsstruktur ist die Baumstruktur, oft auch als hierarchische Struktur bezeichnet. Der Name kommt daher, dass die Struktur an einen umgedrehten Baum erinnert, der sich, von einer Wurzel ausgehend, immer weiter verzweigt.

Die Baumstruktur bietet dem Nutzer auf jeder Ebene die Möglichkeit, sich für einen „Ast" zu entscheiden und hierdurch eine Ebene tiefer zu gelangen. Die Rückkehr zum Ausgangspunkt erfolgt in umgekehrter Weise von Ebene zu Ebene. Eine Ausnahme bildet die direkte Rückkehr zur Startseite (Homepage), die im Normalfall von jedem Screen aus möglich ist, z. B. durch Anklicken oder Antippen des Logos.

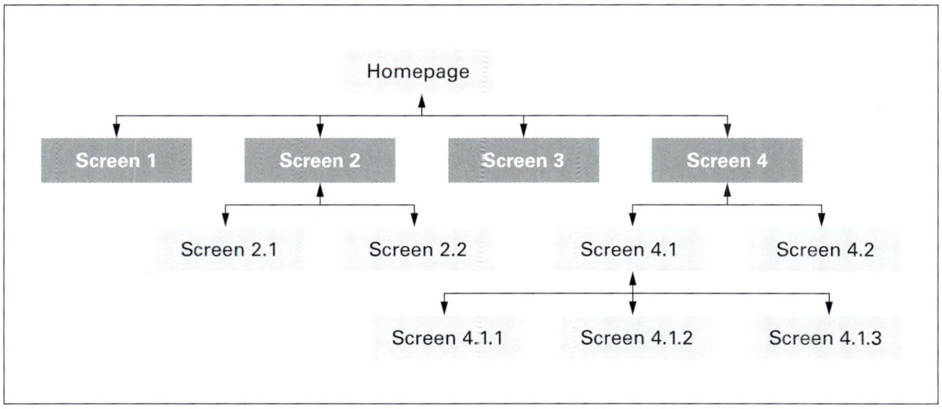


**Baumstruktur**

Die Baumstruktur oder auch hierarchische Struktur ist vertikal in Informationsebenen gegliedert. Die Informationen werden von oben nach unten immer detaillierter.

Die Mehrzahl der Webauftritte besitzt eine hierarchische Struktur.

Die hierarchische Informationsstruktur ist uns allen vertraut, da sie in jedem Fachbuch vorzufinden ist. Die einzelnen Informationsebenen entsprechen dort den Kapiteln und Unterkapiteln. Jedes Inhaltsverzeichnis kann deshalb in Form eines „Baumes" gezeichnet werden.

Eine weitere Anwendung der Baumstruktur stellen „Mindmaps" dar, bei denen das Wurzelelement üblicherweise in der Mitte angeordnet wird.

Die wesentlichen Vorteile der hierarchischen Navigationsstrukturen sind:

- Gute Gliederungs- und Strukturierungsmöglichkeiten der Informationen in zwei Richtungen (horizontal und vertikal)
- Intuitive Bedienung ohne Vorkenntnisse, da die Struktur vom Fachbuch bekannt ist
- Problemlose Erweiterung oder Änderung der Struktur

Nicht nur die Mehrzahl der Webseiten, sondern auch die meisten Offline-Produkte sind hierarchisch strukturiert – denken Sie an die Benutzerführung eines Fernsehers, eines Druckers oder die Menüstrukturen von Anwendersoftware.

### 2.3.4 Netzstruktur

Eine netzartig oder vermascht strukturierte digitale Anwendung weist für den Nutzer keine eindeutige und klare Hierarchie auf. Stattdessen sind die einzelnen Screens in vielfältiger Weise miteinander verlinkt – bekannte Beispiele hierfür sind Wikipedia oder Suchmaschinen wie Google.

Netzstrukturen sind dann sinnvoll, wenn es darum geht, dem Nutzer einen möglichst großen Entscheidungsspielraum zu lassen. Im Unterschied zur hierarchischen Struktur kann er – durch

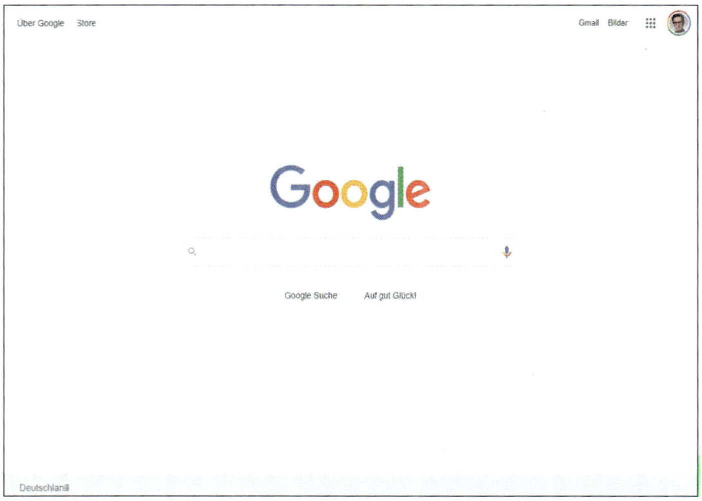


**Netzstruktur**

Weniger geht nicht: Google beschränkt das User Interface auf ein einziges Suchfeld zur Eingabe des Ziels. Bei der Netzstruktur gibt es keine Hierarchie, jede Seite kann prinzipiell mit jeder anderen verlinkt sein.

**Netzstruktur**

Bei der Netzstruktur gibt es keine Hierarchie; im Prinzip kann jeder Screen mit jedem anderen Screen verlinkt sein.

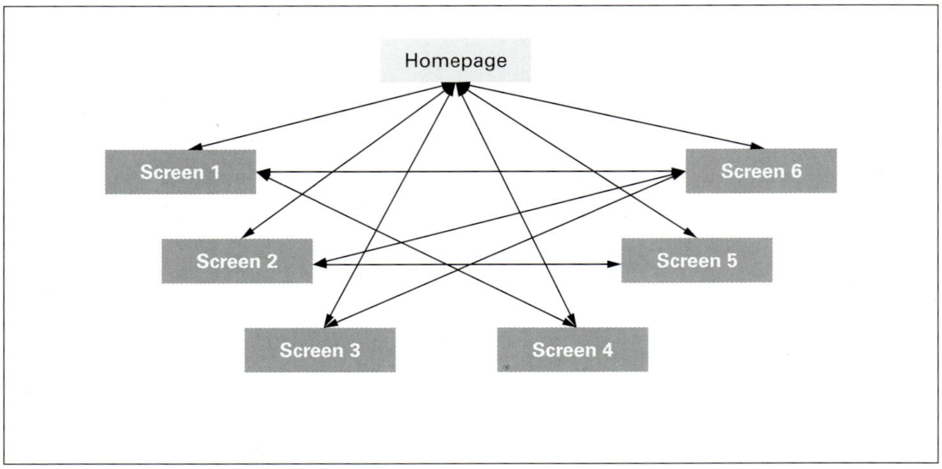


Eingabe eines Suchbegriffs – schnell zur Information gelangen. Andererseits birgt die Netzstruktur die Gefahr, sich hoffnungslos zu „verirren". Diese Erfahrung hat jede/r von uns schon gemacht: Auf der Suche nach einem Begriff gelangt man auf interessante Seiten, klickt weiter, gelangt auf andere Seiten und weiß am Schluss nicht mehr, was das ursprüngliche Ziel der Suche war. Fazit: Die vernetzte Struktur bietet maximale Möglichkeiten, stellt jedoch auch die höchsten Anforderungen an den Nutzer oder die Nutzerin.

### 2.3.5 Kombinierte Struktur

Die in den vorherigen Abschnitten vorgestellten Informations- bzw. Navigationsstrukturen sind bei allen größeren Webanwendungen miteinander kombiniert. Im Screenshot auf der rechten Seite sehen Sie die mobile Version der Badischen Zeitung. Hier kann der Nutzer oder die Nutzerin

- die Navigation aufklappen **A** (hierarchische Struktur),
- einen Suchbegriff **B** eingeben (vernetzte Struktur),

**Kombinierte Struktur**

In vielen Fällen ist es sinnvoll, die oben genannten Strukturen miteinander zu kombinieren.

Die rechts gezeigte Struktur kommt der Bedienung von Touchscreens entgegen (horizontales und vertikales Wischen mit dem Finger).

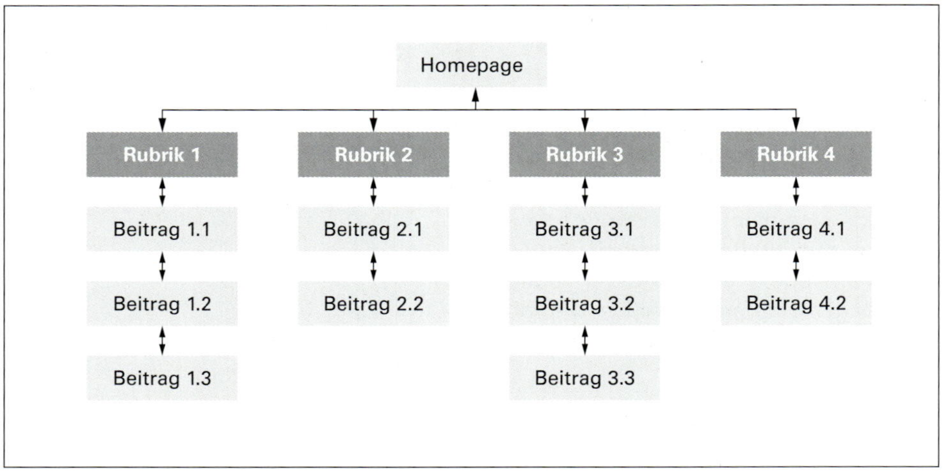

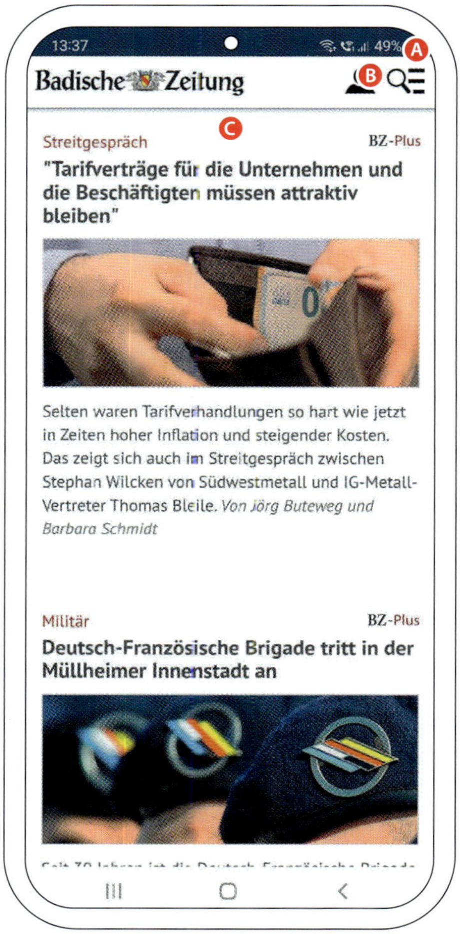


- die Artikel C nacheinander sehen (linearer Struktur).

Die Anordnung der Informationen in einer Matrix aus Zeilen und Spalten (siehe Grafik links unten) ist insbesondere bei Smartphones sinnvoll, weil diese Geräte ein kleines Display haben und mit dem Finger navigiert wird. Die Entscheidung für eine bestimmte Navigationsstruktur ist also immer auch stark vom Endgerät abhängig.

### 2.3.6 Entwurf einer Navigationsstruktur

Eine intuitiv verständliche Strukturierung und Gliederung der Information ist bei Webanwendungen noch wichtiger als im Fachbuch. Denn hier sieht der Nutzer immer nur einen Screen, ein schnelles Durchblättern oder Überfliegen von Seiten ist nicht möglich.

Navigationspläne werden v. a. für hierarchische Strukturen entworfen. Bei einer linearen Abfolge genügt die Festlegung der Reihenfolge und eine vernetzte Struktur ist in dieser Darstellung nicht möglich. In einem Navigationsplan symbolisieren rechteckige Kästen die Screens und Pfeile die Links. Für den Entwurf gelten folgende Regeln:

**Checkliste Navigationsstruktur**

- Versetzen Sie sich beim Entwurf gedanklich in die späteren Nutzer des Produktes: Wo befinde ich mich aktuell? Wie komme ich zum Ausgangspunkt zurück? Wie kann ich von hier aus weitermachen?
- Gliedern Sie Ihre Informationen so, dass sich horizontal nicht mehr als sieben Screens ergeben, da der Mensch maximal sieben Informationen im Kurzzeitgedächtnis behalten kann (The Magical Number Seven nach Miller).
- Gliedern Sie Ihre Informationen so, dass sich vertikal nicht mehr als drei Ebenen ergeben. Die Startseite wird hierbei nicht als Ebene gezählt. Zu viele Unterebenen verwirren die Nutzer.
- Achten Sie darauf, dass sich Ihre Informationen von oben nach unten verfeinern und nicht umgekehrt.
- Achten Sie auf eine sachlogische und sinnvolle Zuordnung der Inhalte zu den übergeordneten Screens. Bedenken Sie, dass die Nutzer später anhand spärlich beschrifteter Buttons entscheiden müssen, welchen Weg sie wählen.
- Beziehen Sie beim Entwurf der Navigationsstruktur die Zielgruppe mit ein: Je komplexer eine Navigationsstruktur ist, desto höher sind die Anforderungen an die Nutzer. Überfordern Sie die Zielgruppe nicht durch eine komplexe Navigationsstruktur.

## 2.4 Navigationselemente

Im letzten Kapitel haben Sie die Möglichkeiten kennengelernt, wie sich Informationen strukturieren lassen. Primäres Ziel war es hierbei, den Nutzern und Nutzerinnen eine intuitive Bedienung der Webapplikation zu ermöglichen.

In diesem Kapitel geht es darum, wie sich Nutzer/-innen durch eine digitale Anwendung bewegen können: Während dies bei allen Printmedien nur durch Umblättern geht, gibt es hierfür im Bereich der digitalen Medien deutlich mehr Möglichkeiten.

Beim Entwurf der Navigationselemente muss zunächst unterschieden werden, ob eine Anwendung „klassisch“ mit der Maus/Tastatur bedient wird oder ob – wie bei allen mobilen Endgeräten – ein oder mehrere Finger benutzt werden. Alternativ gibt es die Möglichkeit der Sprach- oder Gestensteuerung. Wird es zukünftig die Steuerung per Gedanken geben?

### 2.4.1 Maus und Tastatur

Zur Realisierung einer Navigation mit Maus und Tastatur stehen mehrere Möglichkeiten zur Verfügung:

- Textlinks
- Bildlinks A
- Buttons (Schaltflächen) B
- Menü C
- Eingabefeld (Suchfeld) D

Jede dieser Möglichkeiten hat Vor- und Nachteile, auf die wie in den nächsten Abschnitten kurz eingehen.

Wie das Beispiel von WWF links unten zeigt, werden die genannten Möglichkeiten häufig kombiniert, um dem Nutzer die Entscheidung zu überlassen, wie er navigieren möchte.

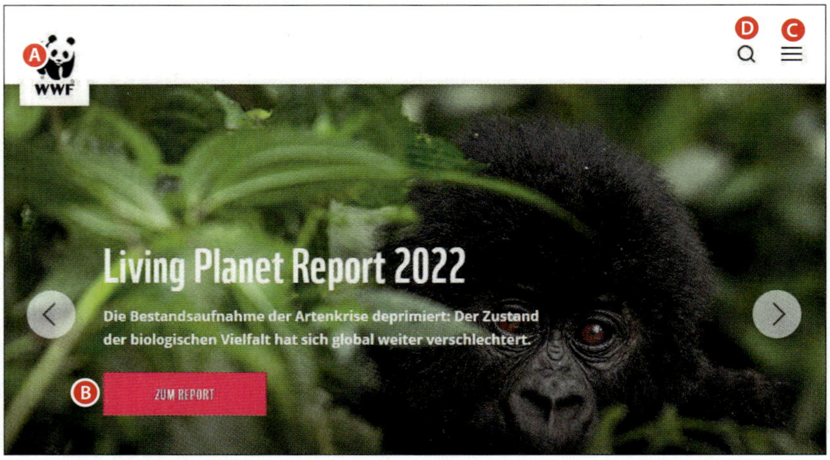


**Textlinks**

Die einfachste Möglichkeit der Navigation bietet die Verwendung von Text. Ein Textlink wird gemäß HTML-Standard blau und unterstrichen dargestellt. Außerdem ändert sich der Cursor von einem Pfeil in einen zeigenden Finger, so dass die Nutzer erkennen, dass es sich um einen Link handelt.

Aus gestalterischer Sicht wirken blau unterstrichene Links nicht ansprechend, so dass mit **CSS** eine an das Farbkonzept der Site angepasste Formatierung von Textlinks vorgenommen wird. Beachten Sie dabei, dass die Identifikation als Link nach wie vor gewährleistet sein muss, beispielsweise indem die Links in einer anderen Farbe gesetzt und bei Berührung mit der Maus unterstrichen dargestellt werden. Natürlich muss die gewählte Gestaltung durchgängig gleich sein.

Der Hauptvorteil von Textlinks ist, dass die anfallende Datenmenge und damit die Ladezeit minimal ist. Dies ist insbesondere bei der Übertragung auf mobile Endgeräte wichtig, weil hier die Datenrate häufig niedrig ist. Internetauftritte, die einen möglichst schnellen Benutzerzugriff benötigen, verwenden zur Navigation deshalb Textlinks. Beispiele hierfür sind die Internetpor-

| Checkliste Buttonleisten | |
|---|---|
| ▪ Achten Sie darauf, dass Ihre Buttonleiste nicht zu groß wird. Es wäre auch beim Fernsehen störend, wenn die Fernbedienung ständig ein Drittel des Bildes verdeckt.<br>▪ Umgekehrt dürfen die Buttons einer Buttonleiste auch nicht so klein sein, dass die Bedienung mit der Maus zur Zielübung wird. Buttons müssen auch von Menschen mit begrenzten feinmotorischen Fähigkeiten sicher bedient werden können.<br>▪ Beachten Sie die Anzahl an Buttons: Unser Gehirn kann maximal sieben Elemente auf einen Blick erfassen. Wird diese Zahl überschritten, benötigten Nutzer deutlich länger zur Erfassung des Inhalts.<br>▪ Wählen Sie eine kurze, unmissverständliche Wortwahl für Ihre Buttons. Beachten Sie, dass bei deutscher Beschriftung Ihre Site auch nur im deutschsprachigen Raum verstanden wird. Internationale Sites müssen eine Sprachauswahl ermöglichen.<br>▪ Eine Alternative zur textuellen Beschriftung von Buttons bietet die Verwendung von Icons (siehe Seite 83). Achten Sie darauf, dass Icons selbsterklärend sind, oder blenden Sie zusätzlich einen Text ein, wenn der Button mit der Maus berührt wird. | ▪ Geben Sie den Nutzern eine Rückmeldung (visuelles Feedback) über sein Tun: Beim Berühren eines Buttons mit der Maus sollte sich dieser optisch ändern. Ein angeklickter Button muss sich optisch von den anderen unterscheiden.<br>▪ Achten Sie darauf, dass die Buttonleiste unabhängig von der Größe des Browserfensters immer sichtbar sein muss. Die Navigationselemente bei Webseiten befinden sich deshalb bevorzugt links und/oder oben, bei mobilen Geräten auch oft am unteren Rand.<br>▪ Die Barrierefreiheit schreibt vor, dass auch Menschen mit Behinderung einen Zugang zu Webseiten haben müssen. Es muss in jedem Fall auch eine Bedienung ohne Maus per Tastatur oder Sprache möglich sein.<br>▪ Achten Sie auf eine optisch klare Trennung von Navigation und Inhalt (Content). Die Nutzer müssen diesen Unterschied auf den ersten Blick erkennen.<br>▪ Rechteckige Standardbuttons sind langweilig! Gelingt Ihnen ein „Hingucker" durch eine besondere Gestaltung Ihrer Buttonleiste?<br>▪ Kiss (Keep it small and simple) |

tale von eBay, Google oder Wikipedia. Bei der Formulierung der Textlinks sollten Sie auf eine sinnvolle und aussagekräftige Wortwahl achten. Beurteilen Sie selbst:

- Zur Homepage gelangen Sie **hier**.
- Hier gelangen Sie zur **Startseite**.

Während im ersten Beispiel der Link keine inhaltliche Aussage enthält, wird dem Anwender im zweiten Fall auch ohne Lesen des ganzen Satzes das Sprungziel des Links verdeutlicht.

**Bildlinks**

Bilder spielen im Web eine zentrale Rolle, da mit Bildern eine wesentlich stärke Wirkung erzielt werden kann, als dies mit Text möglich ist. Bei der Betrachtung einer Webseite schauen wir immer zuerst auf die Bilder.

Es liegt deshalb nahe, Bilder mit einem Link zu versehen, um damit beispielsweise einen zugehörigen Text zu verlinken. Beachten Sie aber, dass Bilder eine Barriere darstellen können, z.B. für Blinde. Während Text vorgelesen werden kann, geht dies mit Bildern nicht. Bildlinks müssen deshalb zusätzlich einen erklärenden Text bereitstellen.

**Buttonleiste (Schaltflächen)**

Die Buttons einer Webanwendung entsprechen den Schaltern oder Tastern, wie sie bei allen Geräten des täglichen Gebrauchs vorzufinden sind, egal ob Waschmaschine, Staubsauger oder Auto. Ihre Funktion ist die korrekte Bedienung (Steuerung) des Geräts.

Für Buttons auf Webseiten gilt dies auch: Den Nutzern muss unmissverständlich klar sein, welche Funktion sich hinter einer Schaltfläche verbirgt. Hierfür bietet sich eine Kombination aus Grafik (Icon) und Text an. Weitere Regeln finden Sie im Kasten oben.

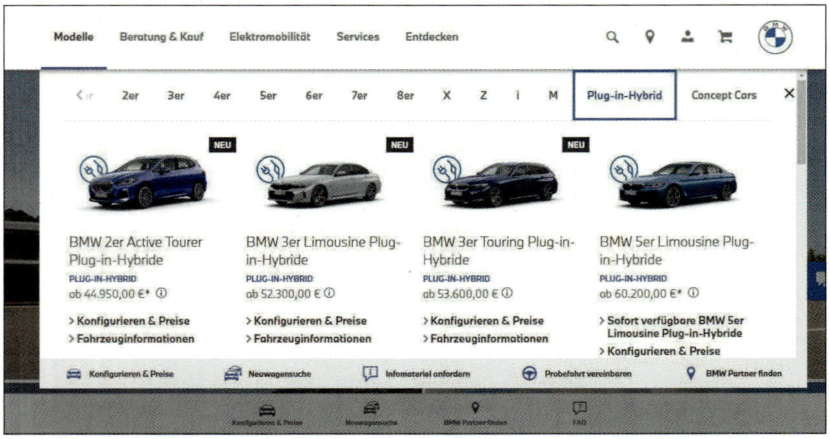


**Menü**

BMW verwendet ein informatives Menü mit Foto und wichtigen Informationen zum Modell.

**Menü**
Größere Websites, Internetportale oder Shopsysteme bestehen aus sehr vielen Screens. Eine Buttonleiste würde viel Platz beanspruchen und wäre optisch nicht ansprechend. Abhilfe schafft in diesem Fall eine Menüführung. Die Bedienung eines Menüs ist allen Computernutzern vertraut, da sich sämtliche Programme dieser Technik bedienen. Sie lassen sich ohne zusätzliche Erklärungen auch für Webanwendungen nutzen.

Der wesentliche Vorteil eines Menüs besteht darin, dass sich sehr viele Informationen bzw. Links darin unterbringen lassen, die erst bei Bedarf, d.h. bei Berührung des Oberbegriffs mit der Maus, sichtbar werden. Eine Menüführung eignet sich damit auch für Geräte mit kleinen Displays.

Technisch lassen sich Menüs z.B. mittels CSS oder JavaScript erstellen.

**Eingabefeld (Suchfeld)**
Ein Eingabefeld für Suchbegriffe befindet sich auf allen größeren Webauftritten. Den richtigen Suchbegriff vorausgesetzt, führt diese Art der Navigation schnellstmöglich zum Ziel. Für Analphabeten oder Nutzer ohne Sprachkenntnisse stellt ein Eingabefeld eine Barriere dar. Auch bei fehlerhafter oder unpräziser Eingabe der Suchbegriffe führen die Ergebnisse schnell in eine Sackgasse und lenken den Nutzer vom ursprünglich gesuchten Ziel ab. Ein Eingabefeld sollten Sie deshalb nur als Ergänzung zu einer Buttonleiste oder zu einem Menü vorsehen, so dass Nutzer die Entscheidung selbst treffen können, ob sie das Suchfeld oder die Buttonleiste nutzen möchten. Eine Suchfunktion ist nur möglich, wenn die technischen Rahmenbedingungen vorliegen: Der Content muss sich in einer Datenbank befinden, auf die mit einer sogenannten Volltextsuche zugegriffen werden kann.

### 2.4.2 Touchscreen

Gemeinsames Merkmal aller mobilen Endgeräte ist, dass sie einen Touchscreen besitzen, der mit einem oder mehreren Fingern bedient wird. Dies bringt einige Besonderheiten mit sich, die Sie beim Entwurf der Navigationselemente beachten müssen.

Während man mit einer Maus eine Fläche von einem Pixel anklicken kann, ist dies mit der sehr viel größeren Fingerkuppe nicht möglich. Damit auch ungeübte Nutzer einen Button mit dem Finger bedienen können, ist dafür eine Fläche von etwa einem Quadratzentimeter (1 $cm^2$) erforderlich. Dies entspricht ungefähr der Fläche einer Taste auf einer Tastatur. Außerdem muss dem Nutzer beim Antippen eine visuelle Rückmeldung gegeben werden. Dies kann eine kurzzeitige Farb- oder Größenänderung der Schaltfläche sein.

Auch wenn viele User beim Schreiben mit einem oder zwei Fingern eine erstaunliche Geschwindigkeit erreichen, ist dies mit dem Zehn-Finger-System auf herkömmlichen Tastaturen nicht vergleichbar. Wenn wir von Benutzerfreundlichkeit (Usability) sprechen, so ist das Schreiben auf kleinen Displays nicht gut gelöst. Im Umkehrschluss heißt dies: Beim Entwurf einer Navigation von Webanwendungen für mobile Geräte sollte auf das Schreiben so weit wie möglich verzichtet werden.

Dennoch lassen sich auch mit den Fingern durchaus unterschiedliche Navigations- und Steuermöglichkeiten realisieren:

- *Touch*
  Berührung mit einem Finger – entspricht dem Mausklick
- *DoubleTouch*
  Doppeltes Antippen mit einem Finger – entspricht dem Doppelklick
- *LongTouch*
  Längeres Berühren mit einem Finger – kann genutzt werden, um einen Rechtsklick zu simulieren
- *Scroll*
  Senkrechten Ziehen des Fingers – entspricht dem Scrollrad der Maus
- *Swipe*
  Horizontales Ziehen des Fingers – entspricht dem Blättern im Buch
- *Pinch*
  Zwei Finger bewegen sich auseinander oder zusammen, realisiert die Zoomfunktion
- *Rotate*
  Zwei Finger bewegen sich kreisförmig zum Drehen eines Elements.

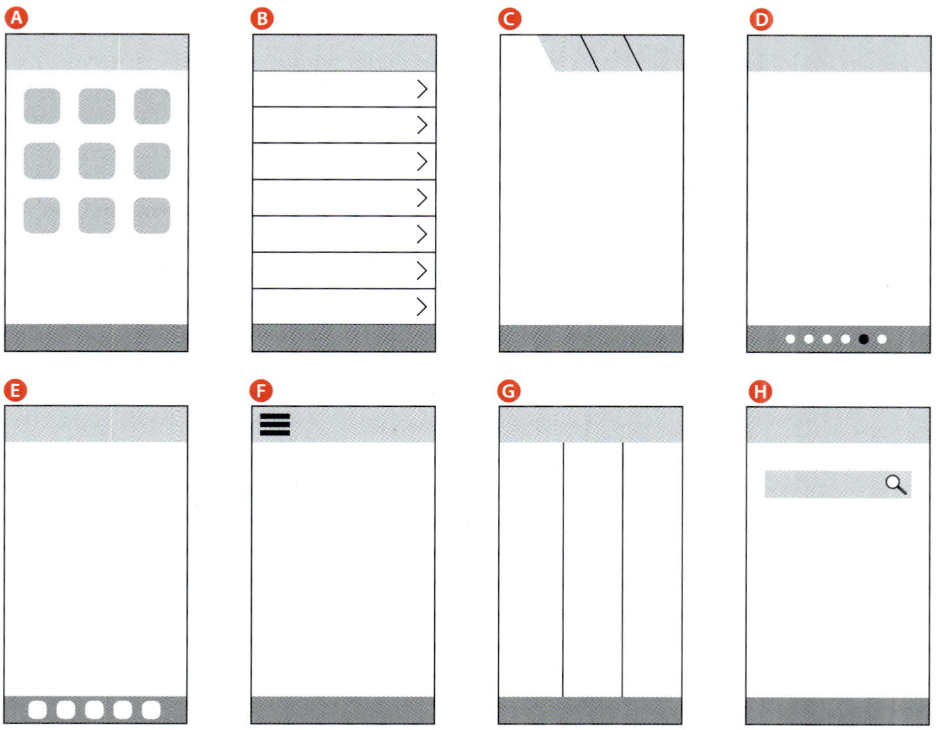


**Navigationselemente**

Die kleinen Abmessungen mobiler Endgeräte und die Bedienung mit dem Finger machen andere Navigationselemente erforderlich, als Sie dies vom Laptop oder Desktop-PC kennen:

A Icons
B Balken
C Reiter
D Karussell
E Toolbar
F Menü
G Shoji
H Suchfeld

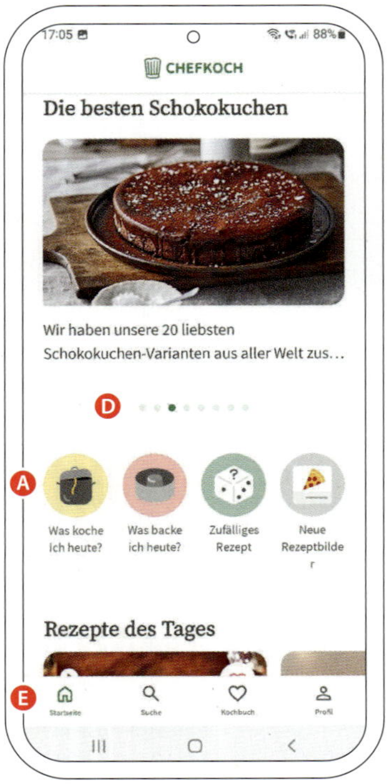


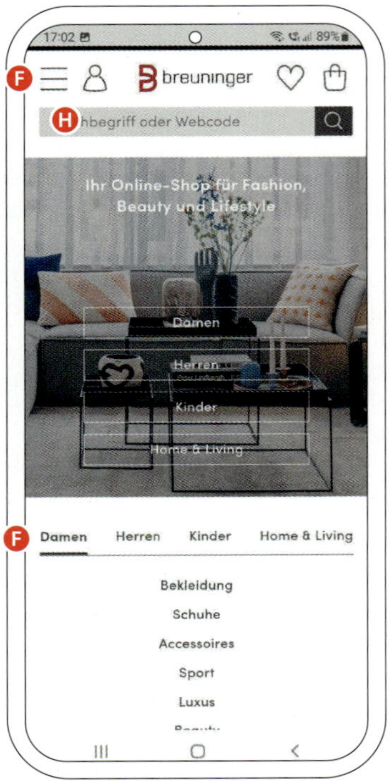


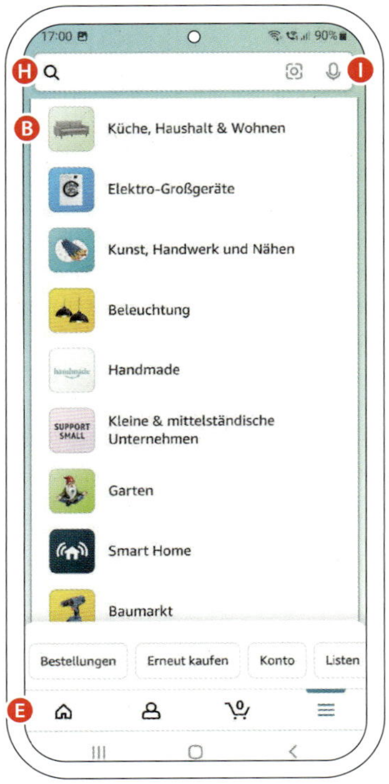


**Icons** A

Icons sind Computernutzern bekannt, seit es grafische Oberflächen gibt. Ihre Bedienung ist einfach, der Doppelklick der Maus wird durch das Antippen mit dem Finger ersetzt. Damit die Icon-Navigation funktioniert, muss die hinter dem Icon verborgene Funktion eindeutig erkennbar sein. Je abstrakter die grafische Darstellung ist, umso schwieriger wird dies. Unter der Grafik wird die Bedeutung deshalb oft zusätzlich in verbaler Form beschrieben. Mehr hierzu finden Sie im Band *Zeichen und Grafik* und in diesem Band auf Seite 83. Ein Nachteil von Icons ist, dass sie nach dem Antippen nicht mehr sichtbar sind. Der Nutzer muss zur Startseite zurückkehren, bevor er ein anderes Icon antippen kann.

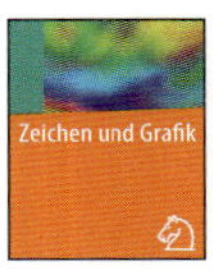


**Balken** B

Smartphones werden üblicherweise in senkrechter Position gehalten. Aus diesem Grund bietet es sich an, die Navigationselemente untereinander anzuordnen. Häufig werden hierbei Text und Icons kombiniert.

Auch bei dieser Anordnung besteht der Nachteil, dass zunächst die Rückkehr zur Startseite erfolgen muss, bevor der Nutzer eine andere Schaltfläche antippen kann. Manche Anwendungen lösen das Problem deshalb so, dass sich die Balken an den linken oder rechten Rand bewegen und weiterhin als schmaler Streifen sichtbar sind.

**Reiter** C

Reiter bezeichnen die kleinen Schilder zur Beschriftung von Akten in Hängeregistern. Diese Metapher wurde schon zu Beginn der grafischen Benutzeroberflächen auf den Bildschirm übernommen – Verzeichnisse werden bis heute als Aktenmappen dargestellt. Der Vorteil der Navigation mittels Reiter ist, dass diese immer sichtbar bleiben und damit sofort zu einem anderen Thema navigiert werden kann.

**Karussell D**
Das Karussell macht sich die Eigenschaft zunutze, dass mit dem Finger sehr einfach horizontale Wischbewegungen ausgeführt werden können. Dies entspricht dem Umblättern einer Buchseite. Die Technik eignet sich ideal zum Betrachten von Bildern, kann aber auch zur Navigation auf Webseiten genutzt werden. Durch kleine Kreise kann dem Nutzer symbolisiert werden, wo er sich befindet. Die Anzahl der Punkte gibt hierbei in der Regel die Anzahl der Screens bzw. Bilder an. Der Nachteil dabei ist, dass der Nutzer das Thema nicht erkennen kann.

**Toolbar E**
Der untere Displayrand wird häufig für eine sogenannte Toolbar (dt.: Werkzeugleiste) reserviert. Für die Elemente der Toolbar werden üblicherweise Grafiken (Icons) verwendet. Die Toolbar zeigt Themen, die immer sichtbar bleiben sollen, beispielsweise die Hauptnavigation. Bei Apps dient die Toolbar auch oft dazu, um die gewünschten Einstellungen in der Software vorzunehmen. Auch bei Betriebssystemen wird mit einer Toolbar gearbeitet.

Das Positionieren der Navigation am unteren Rand eines (senkrecht gehaltenen) Smartphones hat den Vorteil, dass die Icons wesentlich besser mit dem Daumen erreicht werden, mit dem diese Geräte in der Regel bedient werden. Sie erkennen an diesem Beispiel, dass beim Entwurf einer Navigation auch ergonomische Aspekte berücksichtigt werden müssen.

**Menü F**
Menüs bieten den Vorteil, dass sich viele Unterpunkte hinter einer einzigen Schaltfläche verbergen lassen. Hierdurch wird Platz gespart. Menüs kombinieren somit den Vorteil von Icons mit dem der Toolbar. Die symbolische Darstellung eines Menüs erfolgt durch waagrechte Balken oder kleine Quadrate.

**Shoji G**
Der Begriff bezeichnet die in Japan traditionell verwendeten verschiebbaren Raumteiler. Übertragen auf Software erfolgt bei Shoji die Navigation wie beim Karussell mit einer horizontalen Wischbewegung des Fingers.

**Eingabefeld (Suchfeld) H**
Das Antippen des Suchfelds blendet die Tastatur ein, so dass danach Suchbegriffe eingegeben werden können. Vor allem die großen Portale wie Amazon, eBay oder YouTube kommen ohne Suchfeld nicht aus, weil das Sortiment riesig ist.

Doch ist, wie bereits erwähnt, das Tippen auf einer kleinen, virtuellen Tastatur für ungeübte Nutzer eine Herausforderung.

**Sprachsteuerung I**
Immer häufiger lassen sich mobile Webanwendungen mit Hilfe der Sprache steuern. An Software zur Spracherkennung wird seit Jahren intensiv geforscht und heutige Programme „verstehen" bereits ziemlich gut, was der oder die Nutzer/-in sagen will.

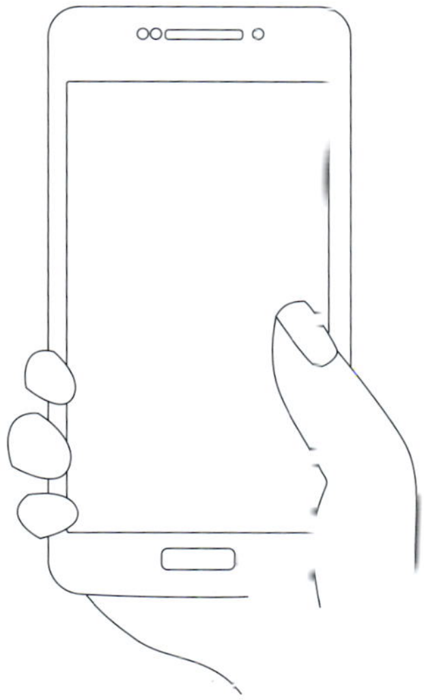

**Ergonomie der Hand**
Mobile Endgeräte werden mit einer oder zwei Händen gehalten. Wichtige Elemente sollten bequem mit dem Daumen erreicht werden können.

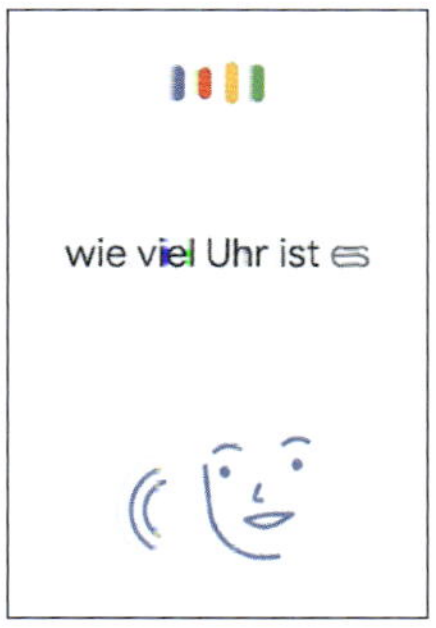

Der Hauptvorteil ist, dass Spracheingaben im Vergleich zur Eingabe per Tastatur deutlich schneller gehen und dass die Nutzer die Sprache zwar sprechen, aber nicht schreiben können müssen. Ein weiterer Vorteil, z. B. bei Navigationssystemen im Auto, ist, dass beide Hände frei sind.

Einen wesentlichen Nachteil hat die Sprachsteuerung: Das Umfeld der Nutzer fühlt sich gestört. Stellen Sie sich vor, dass in einem Bus oder Zug zwanzig Menschen ihr Smartphone gleichzeitig per Sprache bedienen.

### 2.4.3 Navigationshilfen

Für die Generation der unter 30-Jährigen mag der Umgang mit mobilen Endgeräten eine Selbstverständlichkeit sein. Dies gilt jedoch nicht für alle. Vor allem ältere Menschen oder Menschen, die unter einer körperlichen oder geistigen Einschränkung leiden, brauchen Bedienungshilfen.

**Breadcrumb-Navigation**

Wo bin ich? Bei größeren Sites sollten Nutzer ständig darüber informiert sein, in welchem „Ast" der Baumstruktur sie sich aktuell befinden. Dies ist möglich, indem der zugehörige Pfad von der „Wurzel" bis zum aktuellen Ast jeder Unterseite angezeigt wird. Im Englischen gibt es hierfür den Begriff Breadcrumb-Navigation (dt.: Brotkrumen). Hierbei wird an das Märchen „Hänsel und Gretel" erinnert, in dem die Kinder mit Hilfe von gestreuten Brotkrumen den Weg nach Hause finden wollten. Die „Breadcrumbs" werden nicht nur angezeigt, sondern sind als Link realisiert (A), so dass die Rückkehr zu einem übergeordneten Kapitel direkt per Mausklick möglich ist.

**Breadcrumb-Navigation**

Die Navigationshilfe ermöglicht die Rückkehr in eine übergeordnete Ebene durch Anklicken oder -tippen der Links.

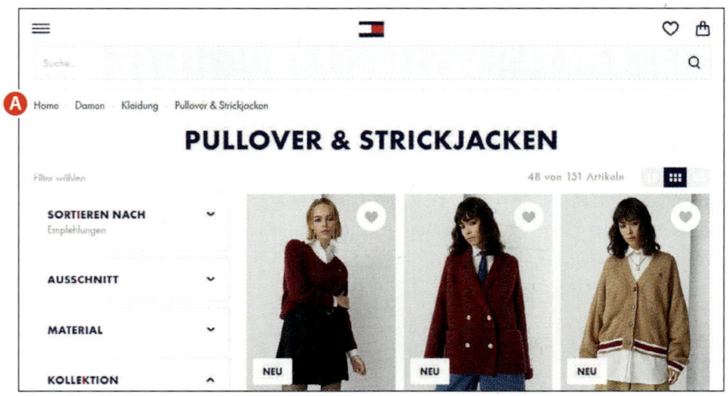


**Visuelles Feedback**

Nicht immer sind Text- oder Bildlinks als Links erkennbar. Aus diesem Grund ist es wichtig, dass Nutzer eine visuelle Rückmeldung bekommen, dass sie sich auf einer Schaltfläche befinden. Es kann sich dabei im einfachsten Fall um eine Farbänderung handeln, alternativ lassen sich mit CSS oder JavaScript ansprechende Animationen erstellen, wenn Nutzer eine Schaltfläche mit der Maus oder mit dem Finger berühren.

**Akustisches Feedback**

Alternativ oder zusätzlich zur visuellen Rückmeldung ist es möglich, den Nutzern durch ein kurzes Tonsignal zu signalisieren, dass sie auf einen Link geklickt oder getippt haben.

**Sitemap**

Für Menschen, die mit Printmedien aufgewachsen sind, bieten sich Hilfen an, die es bei gedruckten Medien auch gibt. Bei einer Sitemap handelt es sich um ein digitales Inhaltsverzeichnis der Webanwendung. Zusätzlich oder alternativ kann ein digitaler Index realisiert werden, der die Inhalte in alphabetischer Reihenfolge auflistet.

Der Vorteil gegenüber einem gedruckten Inhaltsverzeichnis oder Index besteht darin, dass alle Stichwörter verlinkt sind und die Nutzer dadurch direkt an die gewünschte Stelle navigieren können.

## 2.5 Interaktionsdesign

### 2.5.1 Begriffsbestimmung

Interaktive Produkte gestatten es den Nutzern, selbst tätig („aktiv“) zu werden. Die Tätigkeit findet zwischen („inter“) Nutzer und Produkt statt. Die Benutzeroberfläche stellt die hierfür benötigten Komponenten zur Verfügung, z. B. Links, Buttons, Eingabefelder, Formulare.

Im Unterschied zu Printmedien, wo Interaktion praktisch nicht realisierbar ist, bieten sich im Bereich der Digitalmedien zahllose Möglichkeiten. Die Nutzer werden zu Akteuren und verlassen ihre passive Rolle. Einer der Gründe für die Erfolgsstory der Social-Media-Plattformen.

Die Industrie hat dieses Potenzial längst erkannt, so dass sämtliche Branchen an diesem „Milliardengeschäft“ teilhaben wollen:

- *Unterhaltung*
  z.B. Online-Spiele, Videos, Musik
- *Bildung*
  z.B. Lernvideos, Tutorials, MOOCs[1]
- *Information*
  z.B. Wikis, Blogs, Videos
- *Kommunikation*
  z.B. Blogs, Foren, Chats
- *Werbung*
  z.B. Werbebanner, Werbeanzeigen
- *Verkauf*
  z.B. Webshops, eBay, Amazon

### 2.5.2 Interaktionsformen

Bei den Formen der Interaktion wird zwischen asynchroner und synchroner Interaktion unterschieden:

Bei asynchroner Kommunikation erfolgt die Kommunikation zeitversetzt, synchrone Kommunikation hingegen erfolgt (fast) zeitgleich.

1 Massive Open Online Course: kostenlose Onlinekurse, die z. B. an Hochschulen angeboten werden.

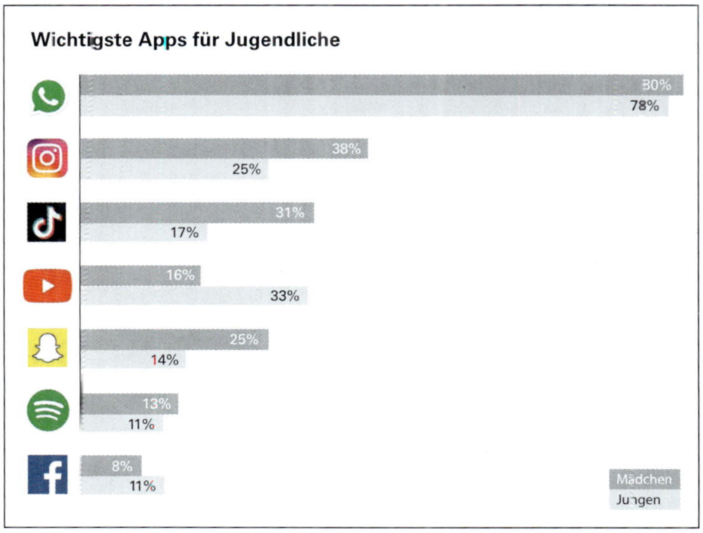


**Asynchrone Kommunikation**

Von oben nach unten:

- WhatsApp
- Instagram
- TikTok
- YouTube
- Snapchat
- Spotify
- Facebook

Quelle: JIM-Studie 2022, befragt wurden 1.200 Jugendliche im Alter zwischen 12 und 19 Jahre.

**Asynchrone Interaktion**

Der Begriff asynchrone Interaktion oder Kommunikation bedeutet, dass Sender und Empfänger nicht gleichzeitig, sondern zeitversetzt handeln können. Dies bringt den Vorteil, dass jeder Teilnehmer entscheiden kann, wann und ob er an der Interaktion teilnehmen will. Ein wesentlicher Nachteil besteht in der Unsicherheit: Hat meine Nachricht den Empfänger erreicht? Hat er sie gelesen? Warum erhalte ich keine Antwort?

Die wichtigsten Formen der asynchronen Kommunikation sind:

- *E-Mails*
  Durch WhatsApp haben E-Mails vor allem bei der jüngeren Generation an Bedeutung verloren. Im geschäftlichen Bereich sind E-Mails neben dem Telefon aber noch immer das wichtigste Kommunikationsmedium.
- *Posts*
  Das Schreiben von Beiträgen in Webforen, Blogs oder sozialen Netzwerken wird als „posten“ (von to post, dt.: etwas abschicken) bezeichnet. Wie Sie der Grafik auf der nächsten Seite entnehmen, ist Facebook noch

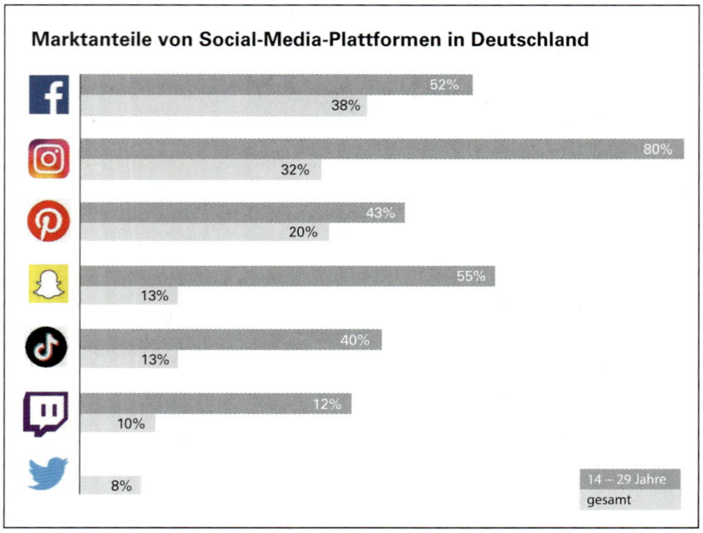


**Social-Media-Plattformen**

Von oben nach unten:

- Facebook
- Instagram
- Pinterest
- Snapchat
- TikTok
- Twitch
- Twitter

Quelle: ARD-ZDF-Onlinestudie 2021, befragt wurden 2.001 Personen der deutschsprachigen Wohnbevölkerung ab 14 Jahre.

immer die wichtigste Social-Media-Plattform. Bei den 14- bis 29-Jährigen wurde Facebook jedoch längst durch Instagram abgelöst.

- *WhatsApp*
  Bei den Messenger-Diensten ist WhatsApp mit mittlerweile weltweit über zwei Milliarden Nutzer/-innen mit großem Abstand Marktführer. Der populäre Dienst wird überwiegend im privaten Bereich genutzt, es gibt jedoch auch immer mehr Firmen, die sich die große Verbreitung dieser App zunutze machen. Neben WhatsApp gibt es zahlreiche weitere Messenger-Dienste wie *Facebook-Messenger, Threema, Telegram, Signal oder Viber.*
- *SMS*
  Das „Simsen" hat wegen der großen Verbreitung von WhatsApp an Bedeutung verloren. Dennoch werden SMS auch heute noch in großer Zahl auch von Firmen und Banken verschickt, z. B. zur Übermittlung von TAN-Nummern beim Online-Banking.
- *Twitter*
  Das Absetzen von Kurzbeiträgen („Tweets" von to tweet, dt.: zwitschern) mit maximal 140 Zeichen, spielt bei der jüngeren Generation keine Rolle.

**Synchrone Interaktion**

Bei der synchronen Interaktion oder Kommunikation müssen alle Beteiligten *gleichzeitig* online sein. Dies ist aus technischer Sicht fast kein Problem mehr, weil die meisten Internetnutzer mittlerweile ständig mit dem Internet verbunden sind.

Der wesentliche Vorteil dieser Kommunikationsform besteht darin, dass Informationen ohne zeitliche Verzögerung ausgetauscht werden können. Dagegen spricht, dass es ein unpassender Zeitpunkt sein kann, zu dem sich der Anfragende meldet. Die aktuelle Tätigkeit muss unterbrochen werden, und dies kann lästig sein. Synchrone Interaktionsformen sind:

- *(Video-)Chats*
  Messenger-Dienste wie WhatsApp werden von vielen als Chat-Programm genutzt. Auf Meldungen wird sofort reagiert und geantwortet. Auch Firmen nutzen häufig eine Chatsoftware, z. B., um Kunden in einem Live-Dialog Hilfe anzubieten.
- *(Video-)Telefonie*
  Auch das „klassische" Telefonieren mit einem Hörer in der Hand oder einem Headset auf dem Kopf erfolgt heute überwiegend über das Internet. Der hierfür zuständige Dienst wird als „Voice over IP" (VoIP) bezeichnet. IP ist die Abkürzung für „Internet Protocol" und bezeichnet die Regeln, nach denen Daten über das Internet übertragen werden.

## 2.5.3 Formulare

Ob Sie E-Mails schreiben, posten, instagrammen, simsen oder whatsappen – Formulare, und hierzu zählen auch einzelne Eingabefelder für Text, bilden in allen Fällen die Schnittstelle zwischen Mensch und Produkt.

**Formulardesign**

Formulardesign ist damit ein wichtiger Bestandteil des Webdesigns. Die Struktur und Logik eines gelungenen Formulars müssen sich den Nutzern intuitiv ohne zusätzliche Erklärungen erschließen. Ziel des Formulardesigns muss es auch sein, dass keine Irrtümer oder Fehleingaben passieren. Formulare sind so zu gestalten, dass sie auch von Menschen mit Einschränkung oder Behinderung bedienbar sind. Insbesondere muss die Nutzung ohne Maus, also ausschließlich mittels Tastatur oder per Spracheingabe, möglich sein. An einem Beispiel sehen Sie typische Fehler und Verbesserungsmöglichkeiten.

**Usability**

Der Screenshot unten links zeigt ein wenig benutzerfreundliches Formular:

- Zu geringer Kontrast zwischen Eingabefeldern und Hintergrund, Menschen mit eingeschränkter Sehfähigkeit haben Schwierigkeiten, die Formularfelder zu erkennen.
- Fehlende optische Begrenzung des Formulars
- Falsche Reihenfolge der Eingabefelder – Formulare werden üblicherweise zeilenweise von oben nach unten ausgefüllt.
- Unterschiedliche Abstände zwischen Beschreibungstext und Eingabefeld
- Einheitliche Größe der Eingabefelder, obwohl Postleitzahlen immer fünfstellig sind und Hausnummern nicht mehr als vier bis fünf Stellen benötigen.
- Unklare Form der Dateneingabe, z. B. beim Geburtsdatum: 01.05.1990, 01.05.90, 1.5.90, 1. Mai 1990 ...? Eine automatische Auswertung der Daten wird somit unmöglich.
- Das Sternchen (*) zur Angabe der Pflichteingaben kann leicht vom Nutzer übersehen werden.

Im Formular unten rechts wurden die beschriebenen Mängel behoben. Das Formular ist nun benutzerfreundlich gestaltet und barrierefrei zugänglich. Es kann also auch von Menschen mit Einschränkung oder Behinderung beispielsweise mit Hilfe der Tabulatortaste ohne Maus bedient werden.

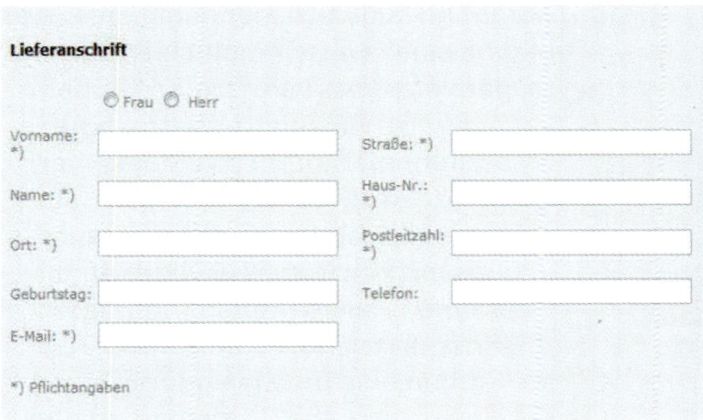


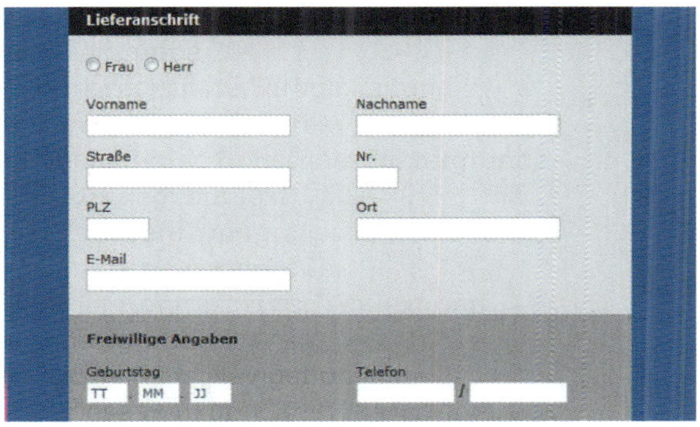


**Formulardesign**

Das linke Formular enthält etliche Mängel (siehe Text). Rechts eine verbesserte Version, die auch die Anforderungen an Benutzerfreundlichkeit und Barrierefreiheit erfüllt.

## 2.6 Barrierefreies Webdesign

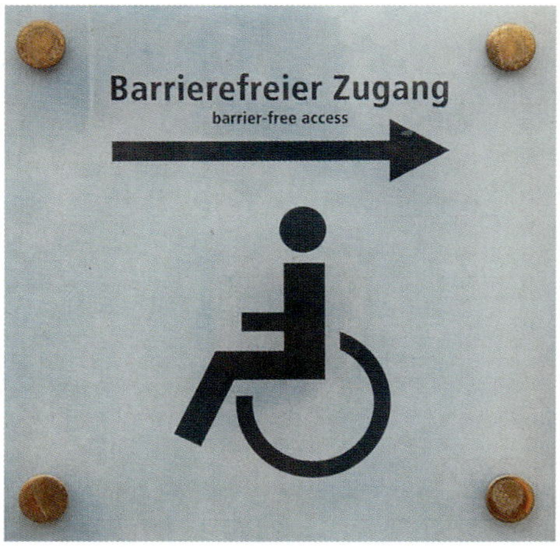


### 2.6.1 Accessibility

Eine „Barriere“ ist eine Schranke oder Sperre, die den ungehinderten Zugang zu einem bestimmten Ort oder einer Sache verhindert. Im Kontext dieses Kapitels verhindern Barrieren den ungehinderten Zugang ins Internet für Menschen mit Einschränkung. Dabei handelt es sich um:

- Blinde, die einen sogenannten Screenreader benötigen, der den Seiteninhalt in eine Brailleschrift (Blindenschrift) umsetzt oder vorliest,
- Farbenfehlsichtige/-blinde, die kontrastreiche, farbfreie Texte brauchen,
- Menschen mit Sehbehinderung, die Lesehilfen benötigen, z. B. zur Vergrößerung des Textes,
- Menschen mit motorischen Einschränkungen, denen z. B. die Bedienung einer Maus nicht möglich ist,
- Menschen mit einschränkten geistigen Fähigkeiten, die z. B. Texte in Leichter Sprache benötigen.
- Taube oder schwerhörige Menschen, für die Videos mit Untertiteln versehen werden müssen, außerdem ist die Beschreibung der Inhalte einer Webanwendung in Deutscher Gebärdensprache (DGS) vorzusehen.

Barrierefreie Webanwendungen müssen also so konzipiert und gestaltet werden, dass Menschen mit den oben genannten Einschränkungen oder Behinderungen die Nutzung ermöglicht wird. Der Fachbegriff hierfür heißt *Accessibility* (dt.: Zugänglichkeit, Erreichbarkeit).

Sie ahnen, dass der Aufwand beträchtlich ist, um eine Webanwendung allen oben aufgeführten Benutzergruppen zugänglich zu machen. Barrierefreies Webdesign fängt deshalb auch nicht erst beim Screendesign an, sondern ist eine konzeptionelle Aufgabe, die von Anfang an mitgedacht werden muss. Hierzu gehört beispielsweise eine sehr konsequente Trennung von Inhalt (Content) und Struktur (Design). Nur dadurch wird es möglich, dass der Inhalt an die jeweiligen Bedürfnisse der Nutzerinnen und Nutzer angepasst wird und beispielsweise durch einen Screenreader vorgelesen werden kann oder auf einem speziellen Touchscreen für Menschen mit motorischer Einschränkung dargestellt wird.

Wesentlich schwieriger ist es – und hier spricht der Autor aus eigener Erfahrung –, einen Webauftritt *nachträglich* barrierefrei zu gestalten. Denn bei Content wie Tabellen oder PDFs ist die Umsetzung von Barrierefreiheit im Nachhinein kaum möglich.

**BIK für Alle**

Die Website bik-fuer-alle.de/ bietet umfassende Informationen zum Thema sowie die Möglichkeit, Webanwendungen auf Barrierefreiheit zu testen.

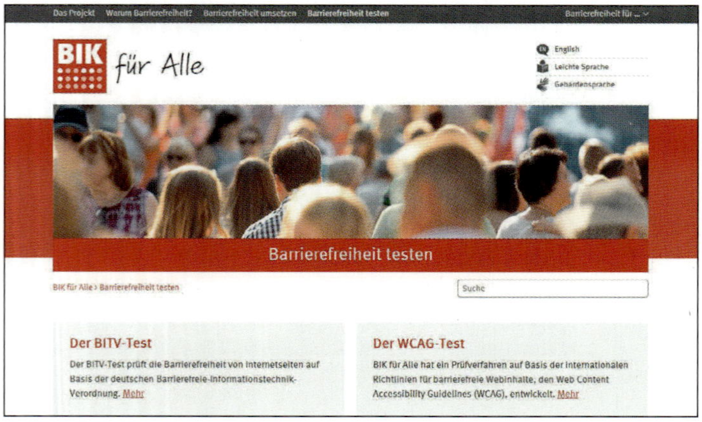

## 2.6.2 Gesetzliche Grundlagen

**Behindertengleichstellungsgesetz (BGG)**

Die weitgehende Gleichstellung von behinderten Menschen ist eine Aufgabe, der sich der Gesetzgeber im Jahr 2002 mit dem *Gesetz zur Gleichstellung behinderter Menschen* (oder Behindertengleichstellungsgesetz, BGG) angenommen hat. Dort ist Barrierefreiheit folgendermaßen definiert:

> **§4 Barrierefreiheit**
>
> Barrierefrei sind bauliche und sonstige Anlagen, Verkehrsmittel, technische Gebrauchsgegenstände, Systeme der Informationsverarbeitung, akustische und visuelle Informationsquellen und Kommunikationseinrichtungen sowie andere gestaltete Lebensbereiche, wenn sie für Menschen mit Behinderungen in der allgemein üblichen Weise, ohne besondere Erschwernis und grundsätzlich ohne fremde Hilfe auffindbar, zugänglich und nutzbar sind. Hierbei ist die Nutzung behinderungsbedingt notwendiger Hilfsmittel zulässig.

Sie erkennen, dass sich Barrierefreiheit nicht nur auf Webanwendungen, sondern auf sämtliche Lebensbereiche bezieht, in denen „Barrieren" den Zugang für Menschen mit Behinderungen erschweren oder gänzlich unmöglich machen. Denken Sie z. B. an einen Hauseingang mit Treppenstufen.

Der Gültigkeitsbereich des BGG erstreckt sich auf alle Dienststellen des Bundes bzw. der Bundesverwaltung. Für die Behörden der Bundesländer gibt es entsprechende Landesgesetze zur Gleichstellung von Menschen mit Behinderung. Die Forderung nach Barrierefreiheit gilt somit für sämtliche öffentlichen Stellen des Staates und muss von den jeweiligen Regierungen überwacht werden.

**Barrierefreie Informationstechnik-Verordnung (BITV)**

Speziell für Internetauftritte gibt es die *Barrierefreie Informationstechnik-Verordnung*, kurz BITV. Diese Verordnung liegt seit Mai 2019 in der derzeit gültigen Version BITV 2.0 vor.

Der Anwendungsbereich der Verordnung erstreckt sich auf Websites, mobile Anwendungen (z. B. Apps auf Smartphones oder Tablets) und auf elektronisch unterstützte Verwaltungsabläufe. In §4 der Verordnung heißt es:

> **§4 Anzuwendende Standards**
>
> (1) Die [...] Angebote, Anwendungen und Dienste der Informationstechnik sind barrierefrei zu gestalten. Dies erfordert, dass sie *wahrnehmbar, bedienbar, verständlich und robust* sind.

Was bedeutet nun aber wahrnehmbar, bedienbar, verständlich und robust? Hier hilft die Verordnung nicht weiter, jedoch ein Blick in das international gültige Regelwerk der Europäischen Union:

**Web Content Accessibility Guidelines, (WCAG)**

Die Vorlage für die BITV kommt, wie so vieles im Bereich Internet, vom amerikanischen W3C-Internetkonsortium und trägt die Bezeichnung *Web Content Accessibility Guidelines*, kurz *WCAG*. In der deutschen Übersetzung handelt es sich um *Richtlinien für barrierefreie Webinhalte*. Seit September 2022 liegen die WCGA in der Version 2.2 vor und wurden von der Europäischen Union zum Standard erklärt. Damit sind sie auch in Deutschland geltendes Recht.

In den WCAG werden den vier oben genannten Begriffen insgesamt 14 Richtlinien zugeordnet, die im Kasten auf der nächsten Seite kurz beschrieben werden.

<table>
<tr><th colspan="2">Richtlinie der WCAG 2.1 im Überblick</th></tr>
<tr><th>Wahrnehmbar</th><th>Verständlich</th></tr>
<tr><td>
<ul>
<li>Textalternativen<br>Für alle Inhalte, die kein Text sind, also z. B. Bilder und Grafiken, müssen Alternativen bereitgestellt werden. Die Textbeschreibung eines Bildes oder einer Grafik kann dann beispielsweise durch einen Screenreader vorgelesen werden.</li>
<li>Alternativen für zeitbasierte Medien<br>Für Audio- oder Videoinhalte muss eine Alternative bereitgestellt werden. Bei Videos können dies beispielsweise Untertitel oder das Video in Gebärdensprache sein, eine Sprachaufnahme kann in einen Text überführt (transkripiert) werden.</li>
<li>Anpassbare Darstellung<br>Der Inhalt muss konsequent vom Design getrennt und klar strukturiert werden, damit er unabhängig von einem bestimmten Endgerät wiedergegeben werden kann.</li>
<li>Inhalt und Hintergrund unterscheidbar<br>Durch die Auswahl ausreichend hoher Farbkontraste muss sichergestellt werden, dass sich der Inhalt vom Hintergrund unterscheiden lässt. Auch bei akustischen Inhalten muss eine Unterscheidung zwischen verbaler Information und Hintergrundgeräuschen möglich sein.</li>
</ul>
</td><td>
<ul>
<li>Lesbarkeit<br>Texte müssen lesbar und sprachlich verständlich sein, z. B., indem Abkürzungen vermieden oder schwierige Begriffe zusätzlich erklärt werden.</li>
<li>Vorhersehbarkeit<br>Auch für sehbehinderte oder motorisch behinderte Menschen muss die Nutzung einer Webanwendung möglich sein, ohne dass unerwartete Ereignisse die Navigation erschweren oder unmöglich machen.</li>
<li>Hilfestellungen<br>Für das Ausfüllen von Formularen oder bei Suchfeldern zur Texteingabe müssen Hilfen bereitgestellt werden, z. B. indem Eingabefehler sollten erkannt und Korrekturvorschläge gemacht werden.</li>
<li>Kompatibilität<br>Webanwendungen sind so zu entwerfen, dass sie zu möglichst vielen „Benutzeragenten" kompatibel sind. Ein Benutzeragent ist eine Software, die einen Zugriff auf Webinhalte ermöglicht, hierzu gehören neben Webbrowsern auch assistierende Techniken wie z.B. auch Vergrößerungssoftware, Leseassistenten, Spracherkennungssoftware.</li>
</ul>
</td></tr>
<tr><th>Bedienbar</th><th>Robust</th></tr>
<tr><td>
<ul>
<li>Per Tastatur zugänglich<br>Eine Webanwendung muss vollständig mit Hilfe einer Tastatur ohne Maus bedienbar sein, da beispielsweise Blinde mit einer Maus oder mit einem Stift nichts anfangen können.</li>
<li>Ausreichend Zeit<br>Um Inhalte lesen und verwenden zu können, muss ausreichend Zeit zur Verfügung gestellt werden. Schnelle (automatische) Wechsel von einer zur nächsten Seite sind nicht zulässig.</li>
<li>Anfälle und physische Reaktionen<br>Schnelles Blinken oder Bildfolgen können z. B. epileptische Anfälle auslösen. Diese Effekte sind deshalb zu vermeiden.</li>
<li>Hilfen zur Navigation<br>Die Navigation durch eine Webanwendung muss dem Nutzer oder der Nutzerin leicht gemacht werden. Hierzu zählt beispielsweise eine eindeutige Beschreibung der verlinkten Ziele.</li>
<li>Alternativen zur Tastatur<br>Für Nutzerinnen und Nutzer, die eine Tastatur nicht bedienen können, muss eine alternative Bedienung z. B. mit Hilfe eines Touchpads, Stifts oder per Gestensteuerung möglich sein.</li>
</ul>
</td><td>
<ul>
<li>Kompatibilität<br>Webanwendungen sind so zu entwerfen, dass sie zu möglichst vielen „Benutzeragenten" kompatibel sind. Ein Benutzeragent ist eine Software, die einen Zugriff auf Webinhalte ermöglicht. Hierzu gehören neben Webbrowsern auch assistierende Techniken wie z.B. Vergrößerungssoftware, Leseassistenten, Spracherkennungssoftware.</li>
</ul>
</td></tr>
</table>

### 2.6.3 Maßnahmen gegen Barrieren

Die komplette Umstellung einer Webanwendung auf Barrierefreiheit ist wegen der sehr unterschiedlichen Einschränkungen der Menschen aufwendig und anspruchsvoll. Denn ob die getroffenen Maßnahmen erfolgreich sind oder nicht, können am besten die betroffenen Menschen selbst beurteilen. Dies bedeutet, dass Sie die Webanwendung z. B. von einem Blinden oder von einem funktionalen Analphabeten testen lassen müssen.

Wenn dies aus Zeit- oder Kostengründen nicht möglich ist, dann sollten Sie sich zumindest so gut wie möglich in die Lage dieser Menschen versetzen und Ihre Seiten selbst testen. Beispiele hierfür sind:

- Installieren Sie einen Screenreader, den Sie z. B. unter nvda.bhvd.de/ finden. Lassen Sie sich den Inhalt von Webseiten vorlesen. Schließen Sie dabei die Augen. Wie fühlt sich das „Anhören" einer Webseite an?
- Testen Sie mit Hilfe der sogenannten Ishihara-Tafeln, ob Sie eine Rotschwäche (Protanopie) oder Grünschwäche (Deuteranopie) haben. Welche Zahl sehen Sie?

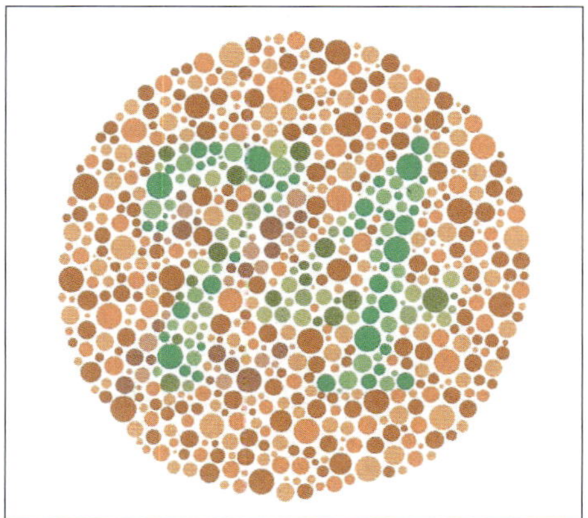

**Ishihara-Farbtafel**

- Simulieren Sie verschiedene Sehbehinderungen, z. B. unter pro-retina.de/leben/simulation.
- Versuchen Sie, eine Webseite ausschließlich mit der Tastatur, also ohne Maus, zu bedienen.

**Blinde oder Sehbehinderte**

Blinde oder sehbehinderte Menschen sind darauf angewiesen, dass ihnen der Inhalt einer Webseite durch einen Screenreader vorgelesen oder zeilenweise in Blindenschrift (Braillezeile) umgesetzt wird. Für die Konzeption von Webseiten folgt daraus:

- *Trennung von Content und Design*
  Diese Forderung gilt – wie auf Seite 11 beschrieben – generell für Webdesign, für barrierefreie Webseiten ist sie jedoch besonders wichtig. Grund ist, dass der Screenreader oder die Braillezeile ausschließlich den Inhalt (Content) wiedergeben sollen, alle Angaben zur Gestaltung und Formatierung sind nicht von Bedeutung.
- *Bilder, Grafiken*
  Für die grafischen Elemente der Webseite muss (mit `alt` im `<img>`-Tag) eine Beschreibung des Inhalts ergänzt werden, damit sich die Nutzer vorstellen können, was auf dem Bild zu sehen ist. Dies trifft nicht zu, wenn Bilder oder Grafiken einen rein schmückenden Charakter haben.
- *Links*
  Damit Bild- oder Textlinks bedient werden können, muss klar sein, wohin sie führen und wie sie bedient werden können. Der Hinweis „hier klicken" ist nicht aussagekräftig. Zur mauslosen Bedienung sieht HTML das Attribut `accesskey` vor, mit dem Tastenkürzel definiert werden können.
- *Schrift/Schriftgröße*
  Eine gut lesbare Schrift sowie ein hoher Kontrast zwischen Schrift und

Hintergrund sind für die Lesbarkeit entscheidend. Weiterhin muss die Schriftgröße durch den Nutzer selbst wählbar sein. Dies ist zwar grundsätzlich auch in jedem Browser möglich, besser ist es jedoch, wenn der Nutzer die Schriftgröße direkt auf der Webseite verändern kann.

- *Semantische Struktur*
  Texte sind so zu verfassen, dass das Vorlesen einen sinnvollen Text ergibt. Damit der Inhalt verstanden werden kann, muss die semantische (inhaltliche) Struktur der Webseite durch geeignete HTML-Elemente beschrieben werden, z. B. Kopfbereich (`header`), Fußbereich (`footer`), Navigation (`nav`), Überschriften (`h1` bis `h6`), Absätze (`p`) usw.
- *Akronyme* (Kunstwörter aus mehreren Anfangsbuchstaben wie HTML), *Abkürzungen* und *Anglizismen* (eingedeutschte englische Begriffe) müssen gekennzeichnet und erklärt werden, da sie eventuell nicht korrekt vorgelesen werden.

**Farbenfehlsichtige**

Für Farbenfehlsichtige sind manche Farbkontraste, z. B. Rot – Grün, nicht unterscheidbar. Der Screenshot unten zeigt, wie diese Menschen die Ishihara-Farbtafel (diese zeigt die Zahl 74) auf der vorherigen Seite sehen.

Rotschwäche (Protanopie) und Grünschwäche (Deuteranopie) lassen sich mit Adobe Photoshop simulieren, um beim Webdesign ungeeignete Farbkontraste zu vermeiden.

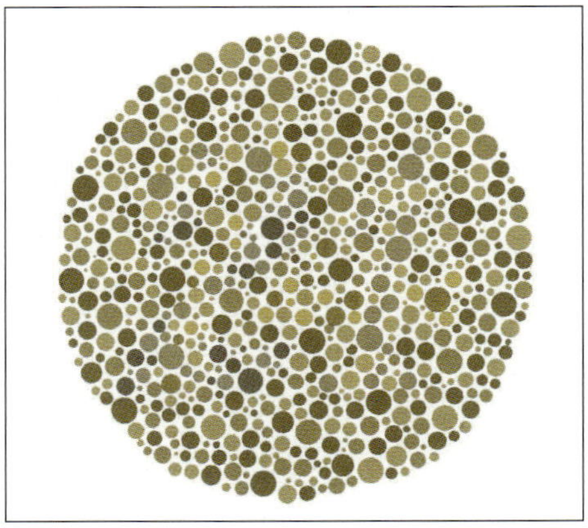

**Ishihara-Farbtafel bei Rot-Grün-Blindheit**

**Making of ...**

1 Machen Sie einen Screenshot Ihrer Webseite und öffnen Sie diesen in Adobe Photoshop.

2 Aktivieren Sie im Menü *Ansicht > Farbproof.*

3 Wählen Sie im Menü *Ansicht > Proof einrichten > Farbenblindheit.*

4 Beurteilen Sie, ob die Farbkontraste unterscheidbar sind.

5 Verändern Sie ggf. die Farben.

**Motorische Einschränkung**

Menschen mit motorischer Einschränkung haben Schwierigkeiten, feinmotorische Bewegungen auszuführen. So ist es ihnen nicht möglich, eine Maus auf eine kleine Schaltfläche zu bewegen.

Geräte mit Touchscreens sind für diese Menschen eine große Hilfe, da sie direkt mit dem Finger bedienbar sind. Bei „klassischen" Computern mit Tastatur und Maus ist es erforderlich, dass eine mausfreie Bedienung mit Hilfe der Tabulatortaste und verschiedenen Tastenkürzeln möglich gemacht wird.

**Funktionale Analphabeten**

Mehrere Millionen Menschen in Deutschland können nicht oder kaum lesen und schreiben. Man spricht von *funktionalen Analphabeten.* Die Ursachen hierfür sind vielfältig und können geistige Behinderung, Lernschwächen, aber auch einfach benachteiligte Lebenslagen sein. Für Menschen mit dieser Einschränkung ist es besonders wichtig, dass Texte auf Webseiten möglichst einfach und gut verständlich formuliert sind. Der Fachbegriff hierfür lautet *Leichte Sprache*. Die BITV schreibt in § 4 vor, dass sich auf der Startseite einer Webanwendung ein gut zugänglicher Link „Leichte Sprache" befinden muss **A**. Von dort gelangen die Nutzer/-innen auf Seiten, auf denen die Bedienung und Inhalte der Webanwendung in Leichter Sprache erklärt werden.

Um Texte in Leichter Sprache zu formulieren, müssen etliche Regeln beachtet werden, z. B.:

- Fremdwörter vermeiden, z. B. *Zusammenarbeit* statt *Teamwork*
- Zusammengesetzte Wörter durch Bindestriche gliedern, z. B. *Internet-Seite* statt *Internetseite*
- Verben statt Substantive verwenden, z. B. *Wir gehen* statt *Wir sind auf dem Weg*.
- Genitiv vermeiden, z. B. *Die Chefin von dem Unternehmen* statt *Die Chefin des Unternehmens*.
- Keine hohen Zahlen oder Prozentangaben, z. B. *wenige* statt *8 %*.
- Kurze Sätze, z. B. *Rufen Sie uns an. Wir helfen Ihnen* statt *Rufen Sie uns an und sagen Sie uns, wie wir helfen können.*

Weitere Informationen über das Regelwerk der Leichen Sprache finden Sie beispielsweise auf leichte-sprache.org.

### Gehörlose oder Hörgeschädigte

Video- oder Audiostreams stellen eine Barriere für gehörlose oder hörgeschädigte Menschen dar. Um diesen einen barrierefreien Zugang zu ermöglichen, werden z. B. auf der Website des Deutschen Bundestages wichtige Plenardebatten in Deutscher Gebärdensprache (DGS) **B** übertragen.

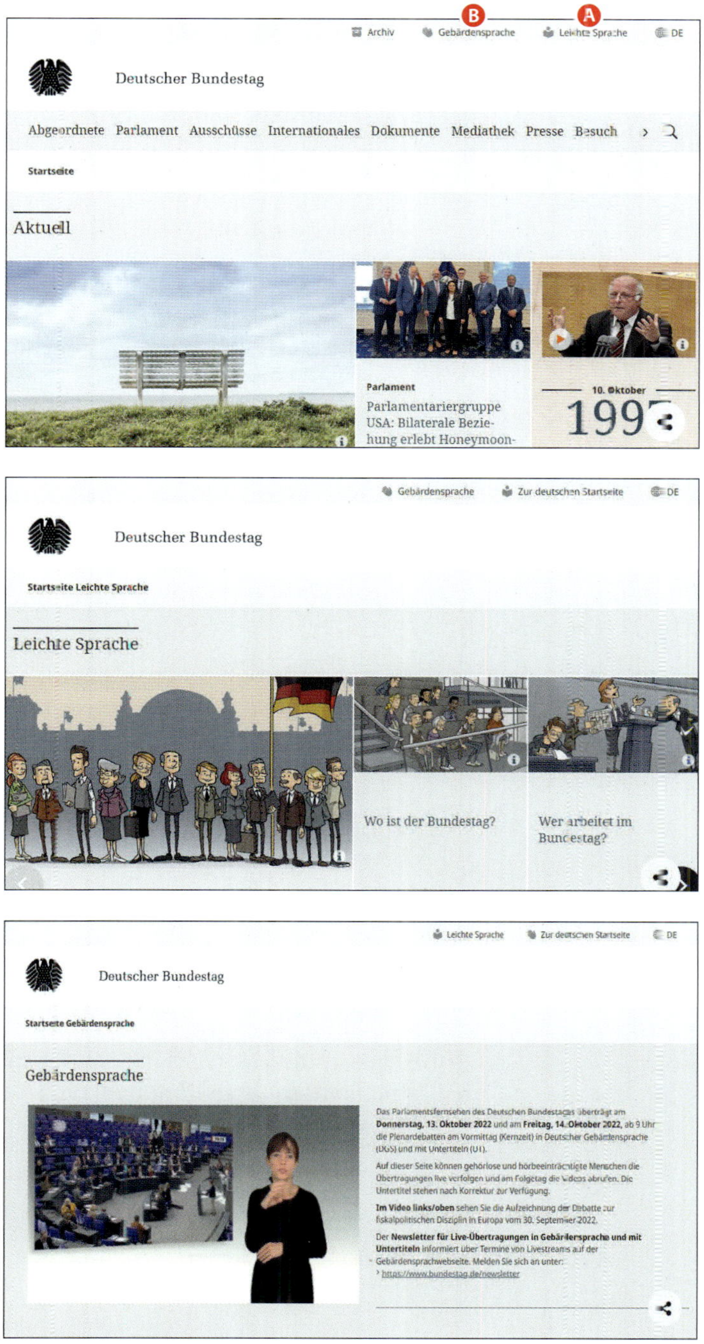


**Webauftritt des Deutschen Bundestages**

Oben: Startseite; Mitte: Leichte Sprache; unten: Deutsche Gebärdensprache (DGS)

## 2.7 Aufgaben

### 1 Fachbegriffe kennen

Definieren Sie:

a. Interaktivität

b. (Benutzer-)Interface

c. Accessibility

d. Usability

### 2 Trennung von Content und Design verstehen

Erläutern Sie drei Vorteile, die sich aus einer konsequenten Trennung von Content und Design ergeben.

1.

2.

3.

### 3 Zielgruppen ermitteln

Nennen Sie fünf Anforderungen an eine Webseite für Kinder im Alter von 6 bis 10 Jahren.

1.

2.

3.

4.

5.

### 4 Benutzerfreundliche Seiten gestalten

a. Wie lautet der Fachbegriff zu „Benutzerfreundlichkeit"?

b. Zählen Sie fünf Aspekte auf, die zur Benutzerfreundlichkeit einer Website beitragen.

1.

2.

3.

4.

5.

## 5 Usability testen

Nennen Sie drei Möglichkeiten, wie Sie die Usability einer Website testen können.

1.

2.

3.

## 6 Navigationsstrukturen unterscheiden

Zählen Sie drei Argumente auf, die für die Verwendung einer Baumstruktur im Vergleich zur linearen bzw. vernetzten Struktur sprechen.

1.

2.

3.

## 7 Navigationsstruktur entwerfen

Formulieren Sie fünf Anforderungen an den Entwurf einer Navigationsstruktur unter dem Aspekt einer möglichst hohen Benutzerfreundlichkeit.

1.

2.

3.

4.

5.

## 8 Touchscreens kennen

Zählen Sie vier Möglichkeiten auf, die Sie zur Bedienung eines Touchscreens (mit einem oder mehreren Fingern) haben.

1.

2.

3.

4.

**9 Navigationselemente für mobile Endgeräte unterscheiden**

a. Zählen Sie vier Navigationselemente auf, die für mobile Webseiten in Frage kommen.

1.

2.

3.

4.

b. Nennen Sie jeweils einen Vorteil für die genannte Struktur.

Vorteil bei 1:

Vorteil bei 2:

Vorteil bei 3:

Vorteil bei 4:

**10 Navigationsstrukturen recherchieren**

Gehen Sie mit Ihrem Smartphone oder Tablet ins Internet.

a. Finden Sie jeweils ein Beispiel für folgende Navigationselemente:
   - Karussell
   - Menü
   - Reiter
   - Toolbar

b. Beurteilen Sie die Navigation der gefundenen Websites. Ist die Benutzerführung eindeutig? Finden sich auch ungeübte Nutzer zurecht?

Karussell:

Menü:

Reiter:

Toolbar:

## 11 Interaktive Webseiten realisieren

a. Definieren Sie „Interaktivität".

b. Zählen Sie vier Möglichkeiten der Interaktion auf Webseiten auf.

1.

2.

3.

4.

## 12 Navigationshilfen realisieren

Nennen Sie drei Möglichkeiten, um die Nutzer bei der Navigation zu unterstützen.

1.

2.

3.

## 13 Barrierefreiheit definieren

a. Definieren Sie den Begriff „barrierefreie Webseiten".

b. Zählen Sie Einschränkungen oder Behinderungen auf, die Menschen haben können.

Sehen:

Hören:

Motorisch:

Geistig:

c. Nennen Sie fünf Anforderungen an eine barrierefreie Webseite.

1.

2.

3.

4.

5.

## 14 Leichte Sprache verwenden

Auf der Website einer Berufsschule soll ein Link ergänzt werden, der den Inhalt der Website in Leichter Sprache erklärt.

a. Formulieren Sie fünf Anforderungen an Texte in Leichter Sprache:

1.

2.

3.

4.

5.

b. Übersetzen Sie den gegebenen Text in Leichte Sprache:

*An unserer Berufsschule werden 1300 Azubis in über 30 Berufen vom/von der Bäcker/-in bis zum/zur Zahntechniker/-in ausgebildet. Hierzu kooperieren wir mit über 400 Betrieben im Umkreis von 70 Kilometern.*

## 15 Navigationsstruktur entwerfen

Für einen Sportverein sollen Sie eine Navigationsstruktur entwerfen. Der Kunde gibt Ihnen die rechts oben dargestellten Themen vor.

a. Definieren Sie stichwortartig die Zielgruppe des Vereins.

-
-
-
-
-

b. Entscheiden Sie sich für eine Navigationsstruktur. Begründen Sie Ihre Entscheidung kurz.

| | | |
|---|---|---|
| Mitgliedsantrag | Willkommen | Leichtathletik |
| Tischtennis | Kontakt | Über uns |
| Fußball | Abteilungen | Vorstand |
| Satzung | Anfahrt | Tennis |
| Aktuell | Geschichte | Anschrift |

c. Entwerfen und skizzieren Sie eine Navigationsstruktur.

# 3.1 Responsive Layouts

## 3.1.1 Digitale Endgeräte

Die Grafik zeigt einen kleinen Ausschnitt aus der Produktpalette von Apple. Sie erkennen daran, wie groß die Unterschiede bei digitalen Endgeräten allein bei dieser einen Firma sind. Und mit Apple konkurrieren zahllose weitere Hardwarehersteller wie Samsung, Google, Microsoft, Huawei usw.

Dies zeigt, dass Screendesign, also Design für den Screen, nicht so einfach zu erledigen ist, denn für welchen Screen ist das Design gedacht? Für große Monitore? Tablets? Smartphones? Oder für möglichst alle genannten Gerätegruppen?

Dies sind Fragen, auf die wir in diesem Kapitel einige Antworten geben werden. Damit dies möglich wird, müssen wir uns zunächst mit den Kennwerten befassen, mit denen sich die Displays digitaler (mobiler oder stationärer) Endgeräte beschreiben lassen.

**Displaygröße**
Der Durchmesser eines Displays wird üblicherweise in Inch (dt.: Zoll, Abkürzung: ") angegeben, wobei ein Inch 2,54 cm entspricht. Ein 27"-Display hat also einen Durchmesser von knapp 69 cm. In der Tabelle rechts unten finden Sie eine Zusammenstellung typischer Werte.

**Seitenverhältnis (Aspect Ratio)**
Das Seitenverhältnis definiert, wie sich die Bildbreite zur Bildhöhe verhält. Ein Quardrat besitzt beispielsweise ein Seitenverhältnis von 1:1.

Während ältere Monitore ein Verhältnis von 4:3 besaßen, findet man heute überwiegend Geräte, deren Breite im Verhältnis zur Höhe vergrößert wurde. Der Grund hierfür ist, dass unser Gesichtsfeld horizontal deutlich größer ist als vertikal, wir also in der Breite einen größeren Winkel erfassen als in der Höhe. Typische Seitenverhältnisse sind

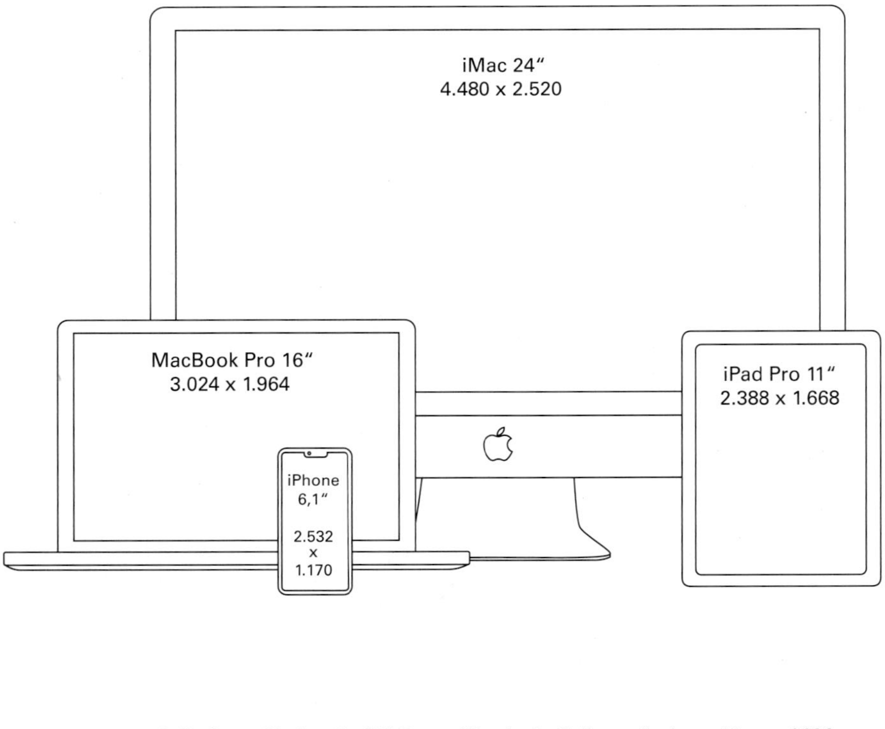


**Displaygrößen**

Das Beispiel der Apple-Produktpalette zeigt die unterschiedlichen Displayformate und -größen (Stand: 2023).


P. Bühler et al., *Webdesign*, Bibliothek der Mediengestaltung,
https://doi.org/10.1007/978-3-662-66665-4_3

deshalb bei Notebooks und Tablets 16:9 oder 16:10, bei Smartphones 20:9 und bei Ultawide-Monitoren bis zu 32:9. Hierzu ein Rechenbeispiel:

Der größte gemeinsame Teiler (ggT) beim unten dargestellten iMac ist 280. Hieraus ergibt sich:

```
4.480 / 280 =   16
2.520 / 280 =    9
```

Das Seitenverhältnis dieses Displays beträgt also 16:9.

Teilen Sie die Bildbreite 4.480 px und Bildhöhe 2.520 px jeweils durch 280, so ergibt sich ein Seitenverhältnis von 16:9. Ein Smartphone mit 2.400 x 1.080 px (siehe Tabelle unten) besitzt einen ggT von 120 und damit ein Seitenverhältnis von 20:9. Das Seitenverhältnis ist für das Screendesign wichtig, weil es einen maßgeblichen Einfluss auf das Layout hat.

**Ausrichtung**
Eine große Herausforderung für das Webdesign ist, dass alle mobilen Endgeräte wahlweise im Hoch- oder im Querformat betrachtet werden können. Die Fachbegriffe hierfür sind *Portrait* und *Landscape*. Im Idealfall muss ein Design für beide Positionen optimiert werden. Um den Aufwand zu reduzieren, kann man allerdings davon

ausgehen, dass Smartphones *eher* im Hochformat und Tablets *eher* im Querformat verwendet werden. Monitore besitzen die Ausrichtung *Landscape*.

**Auflösung**
Die Anzahl an Pixel in der Bildbreite und Bildhöhe wird als Auflösung des Displays bezeichnet. Wie bei Digitalkameras gilt auch hier, dass ein Bild umso detailreicher und schärfer wird, je höher die Anzahl an Pixeln ist.

In der Tabelle unten sehen Sie, dass die sogenannte Full-HD-Auflösung, die auch beim Digitalfernsehen verwendet wird, heute eine eher niedere Auflösung ist und der Trend zu immer höher aufgelösten Displays geht. Die Qualität der Darstellung z. B. von Schriften nähert sich damit an die Druckqualität mehr und mehr an.

| Gerätetyp | Displaygröße (Inch) | Seitenverhältnis | Displayauflösung (px) | Pixeldichte (ppi) |
|---|---|---|---|---|
| Smartphones | 6" bis 7" | 20:9<br>20:9 | 2.400 x 1.080 px<br>3.200 x 1.440 px | 350 – 450 ppi |
| Tablets | 8" bis 15" | 16:10 | 2.560 x 1.600 px | 250 – 350 ppi |
| Notebooks | 13" bis 16" | 16:9<br>16:10<br>3:2 | 1.920 x 1.080 px (Full HD)<br>2.560 x 1.600 px<br>2.520 x 1.680 px | 150 – 250 ppi |
| Monitore | 22" bis 49" | 16:9<br>21:9<br>32:9 | 2.560 x 1.440 px<br>3.440 x 1.440 px<br>5.120 x 1.440 px | 100 – 250 ppi |

**Kennwerte von Displays**
(Stand: 2023)

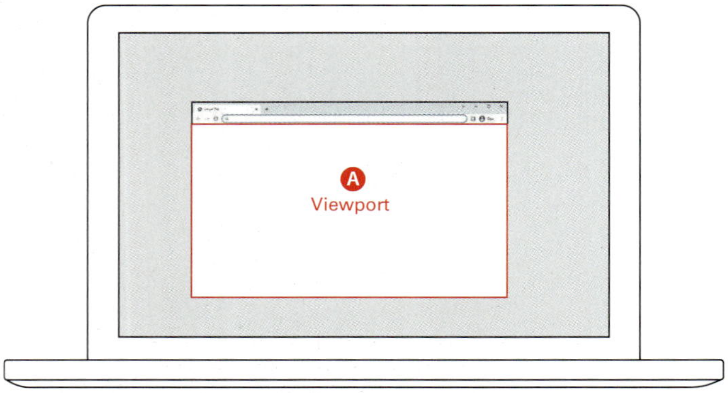


**Viewport**

Der Viewport bezeichnet die für die Website oder -applikation tatsächlich verbleibende sichtbare Fläche.

**Pixeldichte**

Die Angabe der Displayauflösung in der Form Breite x Höhe in Pixel ist nicht sonderlich aussagekräftig, da sie die Abmessungen des Displays nicht berücksichtigt: Bei identischer Auflösung ist die Bilddarstellung auf einem kleinen Display besser als auf einem großen, weil die Pixel beim kleinen Display kleiner sind und damit näher beieinander liegen.

Aus diesem Grund wird die Displayauflösung oft auf das Längenmaß Inch bezogen und in der Einheit ppi (Pixel pro Inch) angegeben. Dieser Wert wird als *Pixeldichte* bezeichnet. Auch hierzu ein Rechenbeispiel. Der iMac in der Grafik auf Seite 46 besitzt eine Diagonale von 24" (Inch) und eine Auflösung von 4.480 x 2.520 Pixeln. Nach Pythagoras gilt:

$$\sqrt{4.480^2 + 2.520^2} = 5.140\,\text{px}$$
$$5.140\,\text{px} / 24\text{"} = 214\,\text{ppi}$$

Wie Sie in der Tabelle auf der vorherigen Seite sehen, ist eine Pixeldichte von 214 ppi für einen Monitor ein hoher Wert – für ein heutiges Smartphone wäre es ein miserabler Wert.

Die Displayauflösung bzw. Pixeldichte hat – im Unterschied zu den ersten drei Kennwerten – keinen direkten Einfluss auf das Layout. Der Kennwert spielt jedoch eine große Rolle, wenn Bilder im Screendesign platziert werden, da diese dann die korrekte Auflösung haben müssen.

**Viewport**

Während Webseiten auf *mobilen* Endgeräten immer formatfüllend betrachtet werden, ist dies auf Monitoren nicht der Fall. Hier öffnet der Nutzer ein Browserfenster und als Designer/-in wissen Sie nicht, wie groß dieses Fenster ist. Hinzu kommt, dass ein Teil des Fensters vom Browser selbst benötigt wird, vor allem am oberen Fensterrand. Die verbleibende Fläche zur Darstellung der Webseite wird als *Viewport* A bezeichnet. Der Viewport ist also der Bereich, der für das Layout zur Verfügung steht. Umgekehrt gilt, dass das Layout so gestaltet werden muss, dass es für unterschiedlichste Viewports funktioniert.

**Fazit**

Die Displays der heute genutzten digitalen Endgeräte unterscheiden sich hinsichtlich

- Größe,
- Seitenverhältnis,
- Ausrichtung,
- Auflösung bzw. Pixeldichte und
- Viewport.

Dies führt zu folgender Konsequenz für das Layouten von Webanwendungen:

> **Wichtig**
>
> Ein Screendesign muss flexibel entworfen und gestaltet werden, damit es sich an die Displays der digitalen Endgeräte möglichst gut anpasst.

### 3.1.2 Layouttypen

Das Fazit stellt eine große Herausforderung für Screendesigner/-innen dar. In diesem Kapitel stellen wir Ihnen

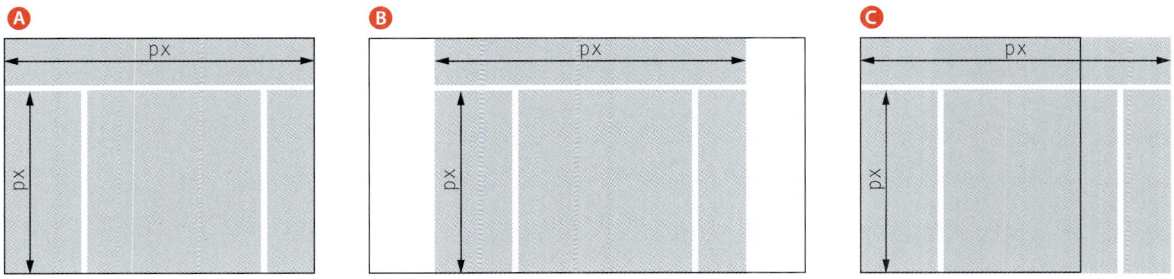


**Fixes Layout**

Das Layout ist unveränderlich und passt sich an den Viewport nicht an.

Möglichkeiten vor, die Sie zur Umsetzung dieser Forderung haben. Dabei unterscheiden wir zunächst drei Grundformen:

- Fixes Layout
- Fluides Layout
- Adaptives Layout

Beim *responsiven Layout* werden diese Grundformen miteinander kombiniert.

**Fixes Layout**

Wenn die Auflösung, also die Breite und Höhe des Displays in Pixel, bekannt ist, und Sie das Layout nur für dieses eine Display entwerfen müssen, dann können Sie alle Angaben im Layout in Pixel vornehmen. Weil dieses Layout unveränderlich ist, spricht man von einem fixen Layout.

Die Grafik oben zeigt ein fixes Layout, das an Viewport A angepasst wurde. Bei einem größeren Viewport B bleibt links und rechts ein Rand, bei einem kleineren Viewport C wird ein Teil des Layouts abgeschnitten.

*Vorteile fixer Layouts*

- Exaktes, pixelgenaues Layouten
- Einfache Einpassung des Contents (Texte, Bilder) in das Layout
- Einfache Umsetzung, z. B. mit Photoshop oder Illustrator

*Nachteile fixer Layouts*

- Keine Anpassung an diverse Endgeräte
- Content ist bei Verkleinerung nicht mehr sichtbar.

Für Webseiten ist ein fixes Layout wegen der (zu) unterschiedlichen Endgeräte nicht sinnvoll. Wenn Sie jedoch die Aufgabe haben, ein Screendesign für ein bestimmtes Gerät, z. B. Uhr, oder Display, z. B. Fahrkartenautomat, zu entwerfen, ist das fixe Layout die richtige Wahl.

**Fluides (fließendes) Layout**

Wenn Sie ein Gefäß füllen, dann breitet sich die Flüssigkeit gleichmäßig aus. Fließende Layouts werden dadurch erreicht, dass *relative* Einheiten (z. B. `vh` = viewport height oder `vw` = viewport width) verwendet werden. Diese Angaben beziehen sich auf die Abmessungen des Viewports, passen sich also automatisch an Veränderungen an.

Die Grafik auf der nächsten Seite zeigt ein fluides Layout. Hierdurch wird erreicht, dass das gesamte Layout trotz unterschiedlicher Breite und Höhe der Displays immer komplett sichtbar bleibt.

*Vorteile fließender Layouts*

- Automatische Anpassung an den Viewport
- Kein horizontales Scrollen
- Alle Inhalte bleiben sichtbar, auch Bilder vergrößern sich.

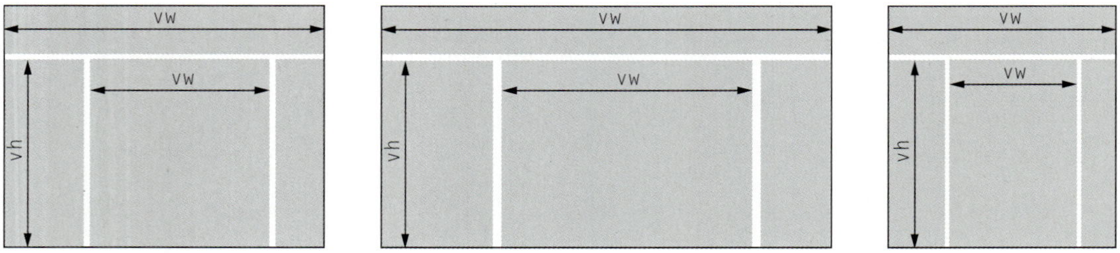


**Fluides Layout**

Das Layout passt sich prozentual an die Breite und Höhe des Viewports an, füllt diesen somit immer komplett aus.

*Nachteile fließender Layouts*

- Typografische Gestaltung ist nicht möglich.
- Bei sehr breiten oder sehr schmalen Spalten leiden die Darstellung und Lesbarkeit.

**Elastisches Layout**

Eine Sonderform fluider Layouts stellen *elastische Layouts* dar. Hierbei wird nicht nur das Layout, sondern auch die Schriftgröße an den Viewport angepasst. Je größer der Viewport wird, umso größer wird auch die Schrift. Zur Umsetzung wird beispielsweise die relative Einheit `em` verwendet, die sich auf die im Browser eingestellte Grundschrift bezieht.

Ein Anwendungsbeispiel von elastischen Layouts kennen Sie als *Page-Zoom*, also das Vergrößern oder Verkleinern der Seiteninhalte, bei mobilen Endgeräten durch Spreizen von Daumen und Zeigefinger. Hierbei bleibt der Viewport gleich, nur der Inhalt wird skaliert.

**Adaptives Layout**

Ein adaptives Layout (Adaption, dt.: Anpassung) passt sich an den Viewport nicht durch stufenlose Vergrößerung oder Verkleinerung an, sondern durch Veränderung der einzelnen Blöcke im Layout.

Die Grafik unten illustriert dies: Bei mittlerer Displaygröße **A** befinden sich unter der Kopfzeile drei Blöcke, bei großen Displays **B** vier Blöcke und bei kleinem Viewport **C** nur zwei Blöcke.

Dies wird technisch erreicht, indem sogenannte *Breakpoints* (Breitenangaben in Pixel) definiert werden, ab denen sich das Layout (schlagartig) verändert. Auf diese Weise kann beispielsweise auch auf die Drehung des Tablets oder Smartphones reagiert werden.

*Vorteile adaptiver Layouts*

- Pixelgenaues Layouten
- Typografische Gestaltung ist wegen der festen Breite möglich.
- Flexible Anpassung an Endgeräte

**Adaptives Layout**

Das Layout verändert sich in Abhängigkeit vom Viewport. Im Beispiel variiert die Anzahl an Spalten.

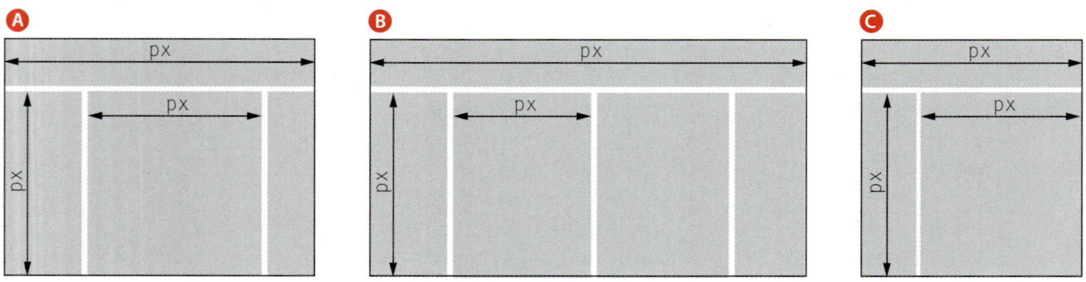

*Nachteile adaptiver Layouts*

- Hoher Aufwand, da mehrere Layouts erforderlich sind
- Content kann (wenn Blöcke entfallen) nicht mehr komplett untergebracht werden.

**Responsive Layouts**

Wie so oft liegt die optimale Lösung irgendwo dazwischen! Responsive (response, dt.: Antwort) Layouts kombinieren fluide, adaptive und fixe Layouts, stellen also eine Mischform aller beschriebenen Layoutformen dar.

Die Grafik auf unten veranschaulicht dies: Für den Einsatz auf Smartphones wurde ein einspaltiges Layout entworfen, das sich dann auf Tablets adaptiv in ein dreispaltiges Layout verändert. Dieses Layout kommt auch auf Monitoren zum Einsatz, indem es fluid in den Viewport eingepasst wird. Ab einer gewissen Viewport- oder Monitorbreite erfolgt eine erneute adaptive Anpassung in ein jetzt vierspaltiges Layout. Ab einer gewissen Größe des Viewports macht eine weitere Verbreiterung jedoch keinen Sinn mehr, so dass das – jetzt fixe – Layout links und rechts einen Rand erhält.

*Vorteile responsiver Layouts*

- Optimale Anpassung an digitale Endgeräte durch Kombination der Vorteile der fluiden, adaptiven und fixen Layoutform.
- Typografische Gestaltungsmöglichkeiten bleiben (trotz fluider Bereiche) weitgehend erhalten.

*Nachteile adaptiver Layouts*

- Beträchtlicher Aufwand für Erstellung und Umsetzung
- Der Content muss in Abhängigkeit vom Endgerät optimiert werden.

Auf der nächsten Seite sehen Sie zwei Beispiele, wie responsives Webdesign in der Praxis umgesetzt wird.

*Mercedes-Benz* arbeitet auf großen Monitoren mit einem vierspaltigen Layout, wobei die linke Spalte für die Pro-

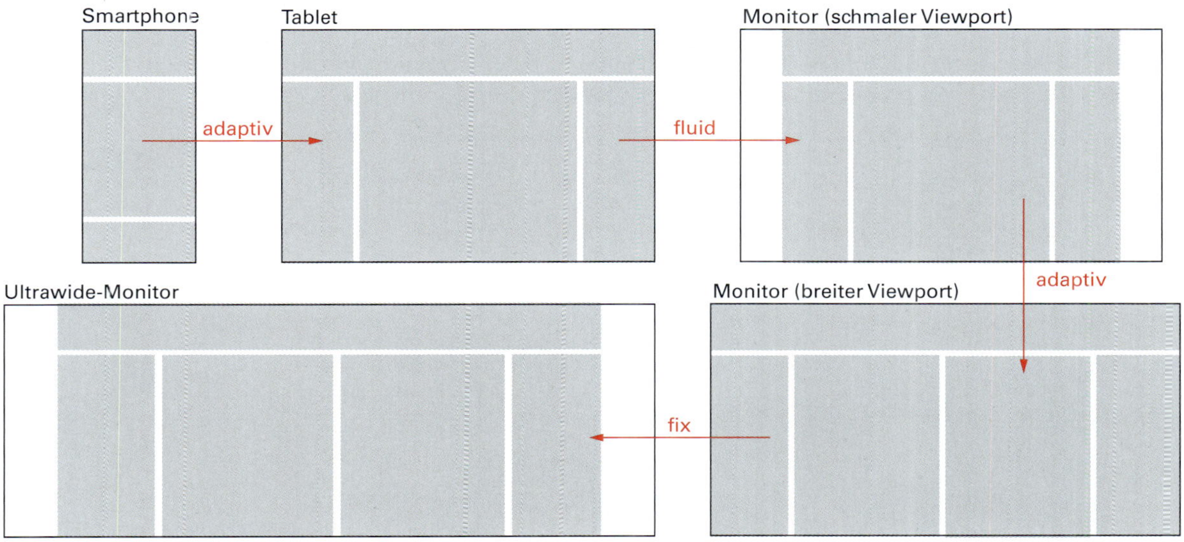


**Responsives Layout**

Beim responsiven Layout werden alle drei Layoutformen, fluid, adaptiv und fix, kombiniert.

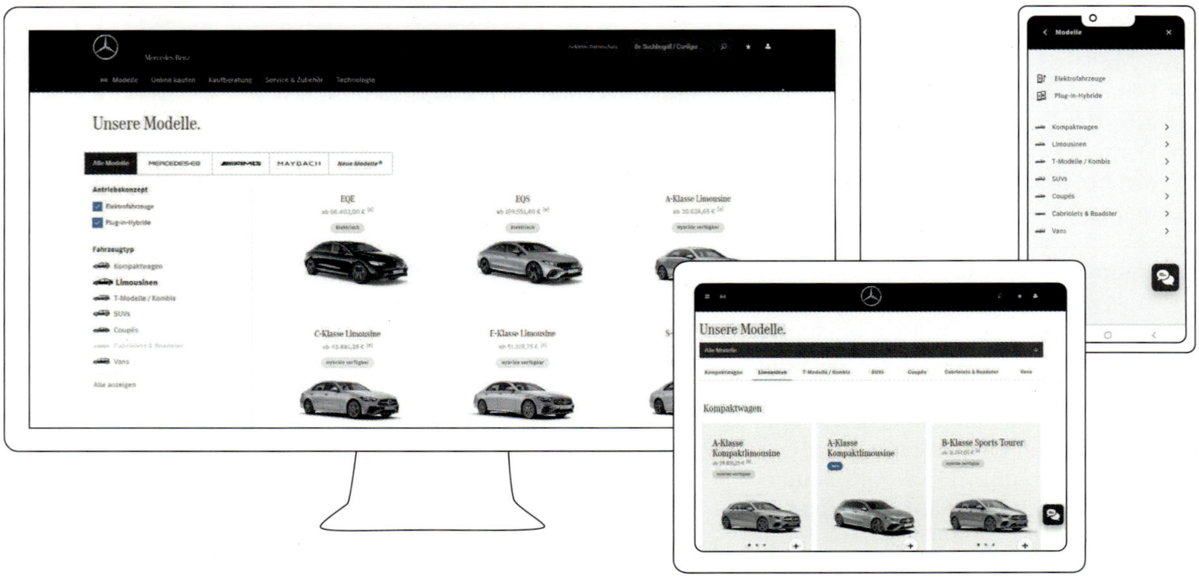


duktauswahl reserviert ist. Auf diesen Komfort wird bei der Darstellung auf Tablets verzichtet – hier wird die Produktauswahl waagrecht über dem Content platziert. Es handelt sich dabei also um ein dreispaltiges Layout. Bei Smartphones können Navigation und Content nicht gleichzeitig dargestellt werden, so dass man sich hier zunächst auf das Menü zur Produktauswahl beschränkt. Der Content wird hier einspaltig nach Auswahl eines Produktes angezeigt.

Bei *Ikea* hat man sich dafür entschieden, dass auf allen Geräten auch auf der Homepage bereits Content zu sehen sein soll – auf Tablets und Monitoren zweispaltig auf Smartphones einspaltig. Auch das Logo, die Suchfunktion und der Warenkorb bleiben immer sichtbar.

Beurteilen Sie selbst, ob Ihnen im Hinblick auf Benutzerfreundlichkeit (Usability) eher der obere oder eher der untere Designansatz zusagt.

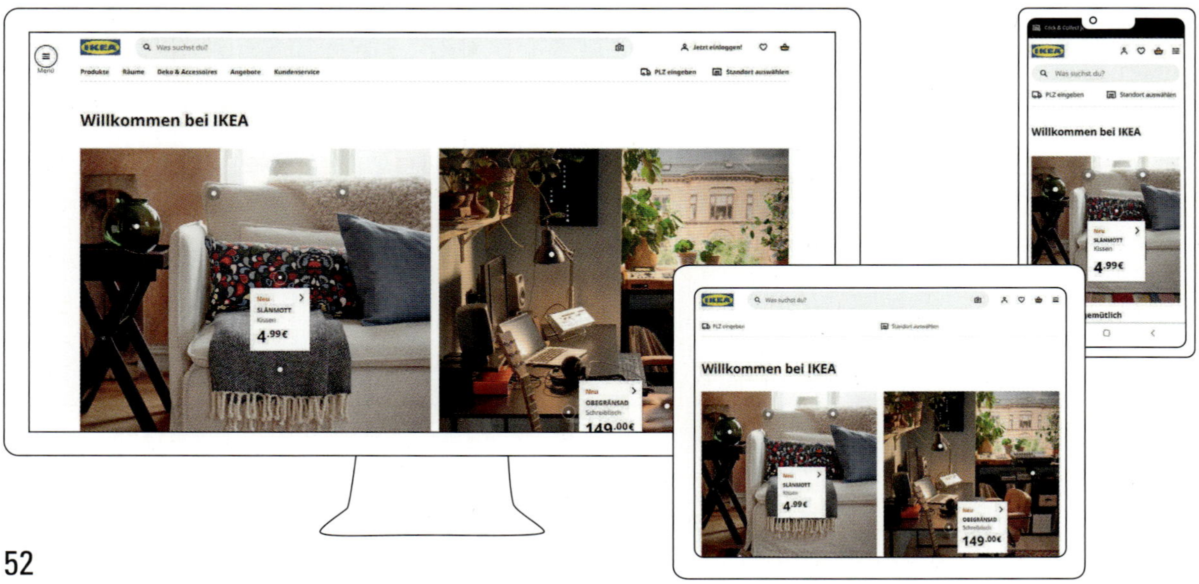

## 3.2 Vom Briefing zum Prototyp

Auch wenn die Werbung (Motto: „Klick dir deine Homepage zusammen.") gerne etwas anderes verspricht: Die Konzeption, Gestaltung und Erstellung einer Webanwendung ist ein komplexer Prozess, der Know-how erfordert, Zeit und damit auch Geld kostet. Webdesign gibt es nicht zum Nulltarif.

In diesem Kapitel stellen wir Ihnen die ersten Schritte vor, die Sie von einer Kundenanfrage bis zur Erstellung eines beim Kunden präsentablen *Prototyps* gehen müssen.

### 3.2.1 Briefing

Jedes Projekt nimmt seinen Ausgang in einem Briefing mit dem Auftraggeber. Der Begriff enthält das englische Verb *to brief*, was auf Deutsch *jdn. einweisen, unterrichten, informieren* bedeutet.

Ziel des Briefings ist es also, mit dem Kunden dessen Vorstellungen und offene Fragen zu klären. Folgende Leitfragen müssen beantwortet werden:

- Wie groß ist das *Budget*? Wird nur die Erstellung oder auch die Pflege des Webauftritts gewünscht?
- Welcher *Zeitrahmen* wird gefordert? Wann muss das Projekt spätestens „live" gehen?
- Wie sieht die *Zielgruppe* des Projekts aus? Ist sie bekannt oder muss sie zunächst ermittelt werden? Wie soll sie ermittelt werden?
- Wie viele *Personen* werden zur Bearbeitung benötigt? Welche Berufe (Artdirektor/-in, Mediengestalter/-in, Programmierer/-in usw.) werden benötigt.
- Liegt der *Content* (Inhalt) des Projekts bereits vor? Oder müssen Texte, Bilder, Grafiken und evtl. Videos erstellt werden? Der Content, z. B. die Textmenge, hat einen wesentlichen Einfluss auf das spätere Layout.
- Mit welchen *Endgeräten* wird die Anwendung vor allem betrachtet? Auf Monitoren, Tablets, Smartphones? Da Nutzer überwiegend mit mobilen Endgeräten ins Internet gehen, wird mittlerweile häufig der *Mobile-First-Ansatz* verfolgt. Dies bedeutet, dass eine Webanwendung zunächst für die Darstellung auf mobilen Endgeräten optimiert und erst im zweiten Schritt an Monitore angepasst wird.
- Welche *Informationsstruktur* soll die Anwendung erhalten? Wie wird der Content in horizontaler und vertikaler Richtung gegliedert? Liegen die Begriffe für die Hauptnavigation bereits fest? Sind Navigationshilfen vorgesehen? Welche?
- Welche *Interaktionsmöglichkeit* wünscht der Kunde? Reichen E-Mail und Telefonkontakt aus oder wird z. B. eine Chatfunktion gewünscht?
- Welche Forderungen hat der Kunde an das *Screendesign*? Schwebt ihm eine bestimmte Farbstimmung vor? Wünscht er grafische Navigationselemente? Welche Charakteristik soll die Typografie erhalten? Welche Bildsprache wünscht er?
- Liegt bereits ein *Corporate Design* vor? Gibt es ein Logo, eine Hausschrift, Hausfarben? Gibt es gestalterische Vorgaben (Corporate Guidelines), die eingehalten werden müssen?
- Welche Maßnahmen sollen (oder müssen) getroffen werden, um die Webanwendung *barrierefrei* zu machen?

Dieser Fragenkatalog ist nicht vollständig. Je besser Sie ein Projekt im Vorfeld mit Ihrem Kunden absprechen, umso weniger müssen Sie später nachbessern oder ändern.

### 3.2.2 Scribbles

Ob Print oder digital: Beginnen Sie Ihr Projekt auf leerem, weißem Papier. Mit Scribbles, Notizen und gezeichneten Entwürfen sind Sie auf Papier viel schneller als am Rechner. In wenigen Minuten entwickeln Sie Varianten, die Sie miteinander vergleichen können.

Scribbles können auch im Team erstellt werden. Nutzen Sie Kreativitätstechniken wie das Brainstorming, Brainwriting oder Mindmapping, um schnell einen Ideenpool zu bekommen.

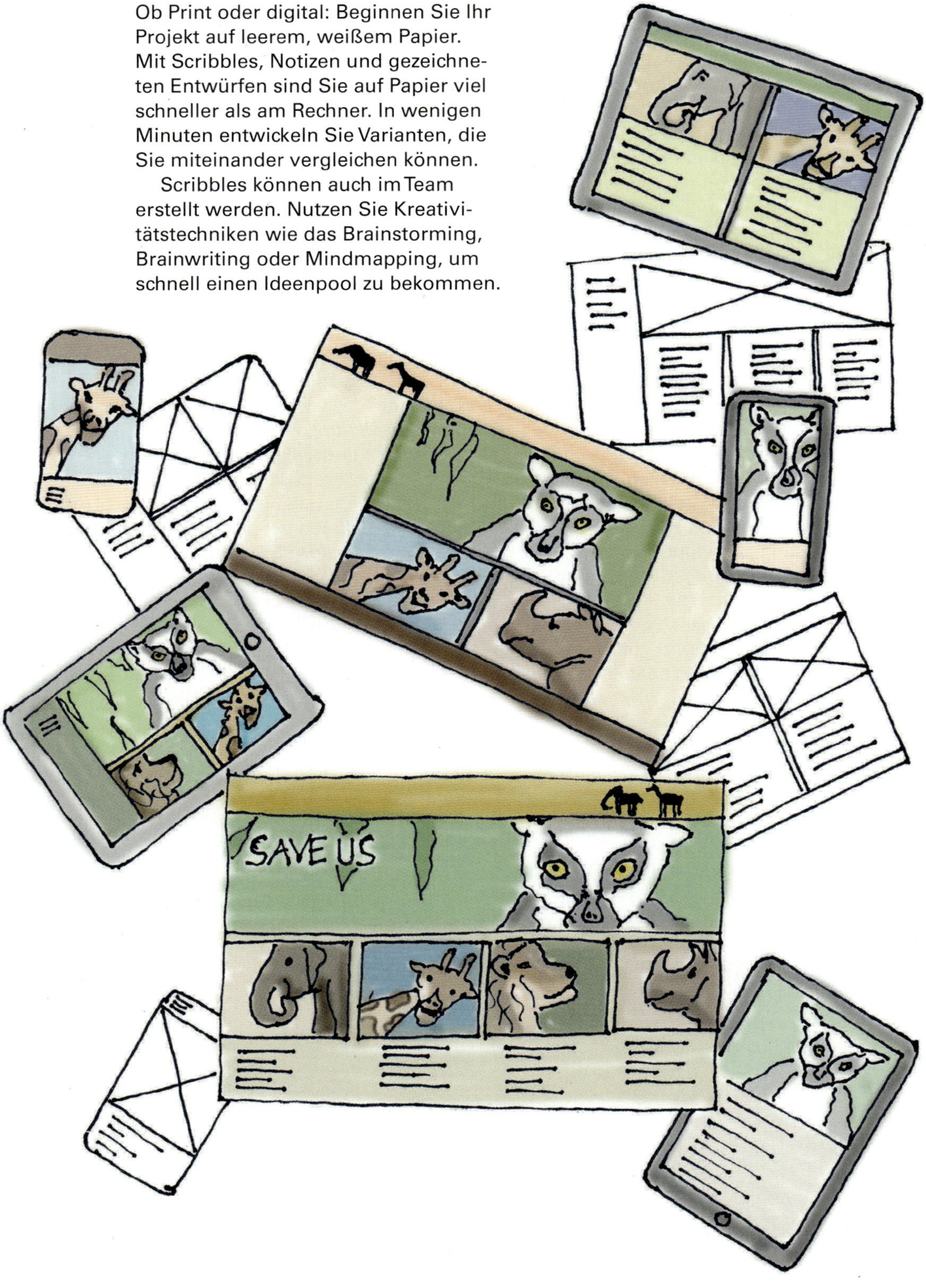

### 3.2.3 Wireframes

Ein *Wireframe* ist wörtlich ein Drahtgitter. Drahtgittermodelle spielen bei Grafiken und CAD-Anwendungen eine wichtige Rolle, um eine Vorschau einer Grafik ohne Farben, Texturen und Strichstärken zu erhalten. Dargestellt werden ausschließlich Konturlinien.

Im Webdesign werden Wireframes für das Layouten von Webanwendungen genutzt. Dabei wird typischerweise folgende Symbolik verwendet:

- Das Layout einer Webanwendung wird durch geometrische Formen (Viereck, Rechteck, Kreis) mit einer feinen schwarzen Kontur dargestellt A.
- Rahmen für Bilder oder Grafiken erhalten zusätzlich zwei diagonale Linien B.
- Text wird durch schwarze oder graue Balken dargestellt. Die Dicke entspricht der späteren Schriftstärke C.

Wireframes lassen sich mit einer Grafiksoftware wie Adobe Illustrator erstellen. Alternativ finden Sie im Internet Tools, mit denen sich Wireframes erstellen lassen. Die Screenshots zeigen Wireframes, die mit dem – sehr schlichten – Webtool wireframe.cc erstellt wurden. In der kostenlosen Variante können Sie Wireframes allerdings nur in der Cloud speichern, aber nicht als Dateien herunterladen.

### 3.2.4 Storyboard

Bei großen Projekten kann die Erstellung eines *Storyboards* erforderlich sein. Der Begriff Storyboard (dt.: Drehbuch) entstammt der Filmproduktion und meint die zeichnerische Umsetzung des Drehbuches. Ein Storyboard dient somit als Vorlage für den Aufbau und die Gestaltung der einzelnen Einstellungen und Szenen.

Übertragen auf digitale Medien übernimmt ein Storyboard eine ähnliche Funktion: Es bildet die zeichnerische Vorlage für die Gestaltung der grafischen Oberfläche einer Webanwendung. Abgesehen von Entwurfsskizzen kann bzw. sollte ein Storyboard weitere Informationen enthalten:

- Schrift, Schriftattribute
- Texte
- Bilder und Grafiken
- Logo
- Buttons, weitere Navigationselemente und Navigationshilfen

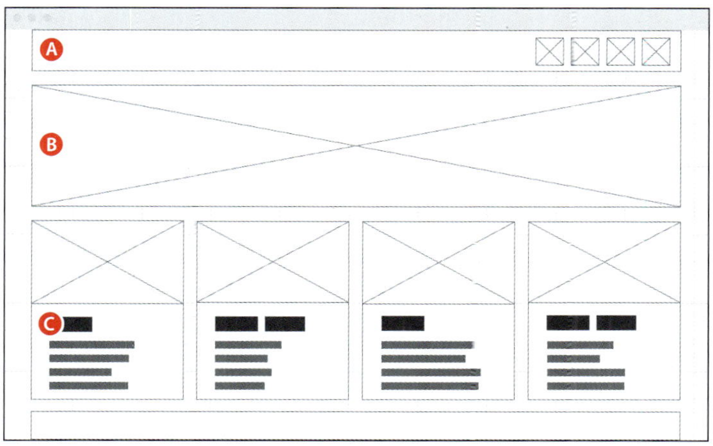

**Wireframes**

Mit Wireframes planen Sie das Layout einer Webanwendung. Für die Beispiele wurde das Webtool wireframe.cc verwendet.

- Farbkonzept
- Animationen
- Sounds und Videos

Ein gutes Storyboard enthält – wie ein gute Filmdrehbuch – alle Informationen, die für die spätere Umsetzung erforderlich sind. Es genügt oft nicht, dass Sie Ihr Projekt „im Kopf" haben, denn an der Konzeption und Realisierung sind in größeren Agenturen mehrere Personen beteiligt: Artdirector/-in, Webdesigner/-innen, Mediengestalter/-innen, Programmierer/-innen ...

### 3.2.5 Moodboard und Style Tiles

Bei einem *Moodboard* (mood, dt.: Stimmung) handelt es sich beispielsweise um einen großen Karton, auf dem alles aufgeklebt wird, was zum Projekt passen könnte: Fotos, Farben, Schriftbeispiele, Layoutskizzen, Grafiken, Slogans, Logo usw.

Wie der Name sagt, soll es auf diese Weise gelingen, sich in die zum Thema passende Stimmung zu versetzen. Dies ist wichtig, da Sie ja möglicherweise nicht zur Zielgruppe des Projekts gehören. Stellen Sie sich vor, dass eine vegane Webdesignerin eine Website für einen Fleischfabrikanten erstellen soll ...

Im nächsten Schritt kann die Umsetzung der gewonnenen Eindrücke als sogenanntes *Style Tile* (wörtliche Übersetzung: Stil-Kacheln) erfolgen. In diesen „Kacheln" werden die Farben, Schrift, Buttons usw. festgelegt und in digitaler Form erstellt. Ein Style Tile können Sie dem Kunden vorlegen und mögliche Änderungswünsche besprechen.

Style Tiles werden wahlweise mit einer Grafiksoftware wie *Adobe Illustrator* oder mit einer Bildbearbeitung wie *Adobe Photoshop* erstellt. Die im Beispiel unten verwendete kostenlose Vorlage zur Erstellung von Style Tiles mit Photoshop finden Sie auf styletil.es.

**Style Tile**

Im Style Tile werden die Schriften, Farben, Buttons definiert. Der Kunde kann somit frühzeitig über die geplante Gestaltung informiert werden und ggf. Änderungswünsche äußern.

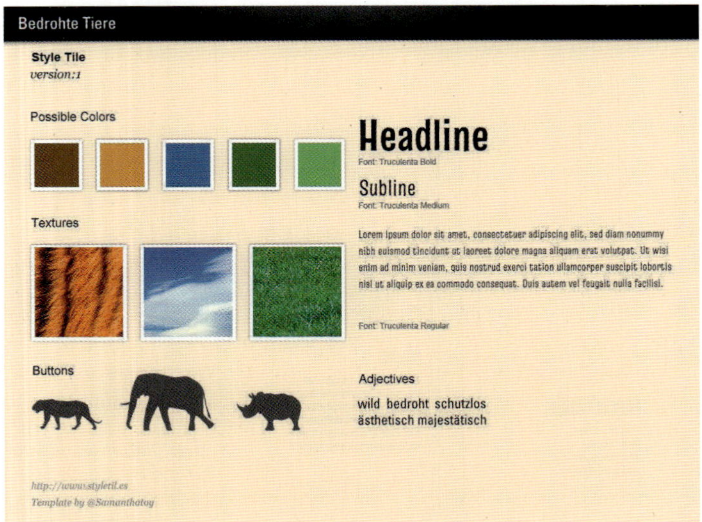


### 3.2.6 Prototyping mit Adobe XD

Jedes Konzept muss mit dem Auftraggeber besprochen und von diesem für gut befunden werden. Größere Aufträge werden üblicherweise nicht gleich an eine Agentur vergeben, sondern ausgeschrieben. Um den Auftrag bewerben sich dann mehrere Agenturen, die dann im Rahmen eines sogenannten *Pitches* ihr Konzept vorstellen und darauf hoffen, den Auftrag zu bekommen.

Für diesen Pitch erstellen die Agenturen einen digitalen *Prototyp*, auch als *Mockup* (dt.: Modell, Attrappe) bezeichnet. Es handelt sich dabei um interaktive Demoscreens. Diese zeigen das Screendesign und damit das *Look & Feel* der Anwendung. Auch Links oder Formulare funktionieren bereits, so dass der Auftraggeber das Produkt testen kann.

Ziel eines Prototyps oder Mockups ist es also, dem Kunden eine exakte Vorstellung davon zu vermitteln, wie das spätere Endprodukt aussehen und funktionieren wird.

Im Internet finden Sie etliche Prototyping-Tools. Wir stellen hier die Software *Adobe XD* vor. Die Verwendung dieser Software bietet sich an, wenn Sie ohnehin mit den Programmen der Creative Cloud von Adobe arbeiten.

Mit Adobe XD können Sie funktionsfähige Webseiten erstellen, ohne dass Sie hierfür technisches Know-how benötigen. Die Umsetzung des

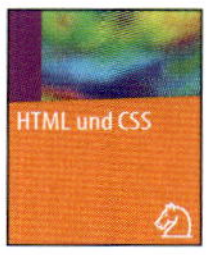


hier vorgestellten Beispiels mit HTML und CSS in eine responsive Webanwendung beschreiben wir im Band HTML und CSS.

**Layoutraster – Making of …**

1 Starten Sie Adobe XD und öffnen Sie im Menü *Datei > Neu* eine leere Seite vom Typ *Web 1920*.

2 Adobe-XD-Dateien können Sie nur in der (Creative-)Cloud speichern. (Nach Anmeldung in der Cloud können Sie die Dateien nachträglich herunterladen.) Speichern Sie die Datei im Menü *Datei > Speichern* unter dem Namen *Layout* ab A.

3 Geben Sie dem Layout die gewünschte Hintergrundfarbe B, hier: #faebd7.

4 Für die Desktop-Variante ist ein vierspaltiges Layout geplant: Setzen Sie das Häkchen bei Layout C und geben Sie die Spaltenanzahl D sowie den Spaltenabstand E ein.

5 Aus den Seitenrändern lassen sich mit gedrückter Maustaste weitere Hilfslinien auf die Fläche ziehen F.

**Screendesign – Making of …**

1 Wählen Sie das Rechteck-Werkzeug G und ziehen Sie für die Navigationsleiste einen Rahmen auf.

2 Geben Sie ihm die gewünschte Farbe, hier: #cb841e.

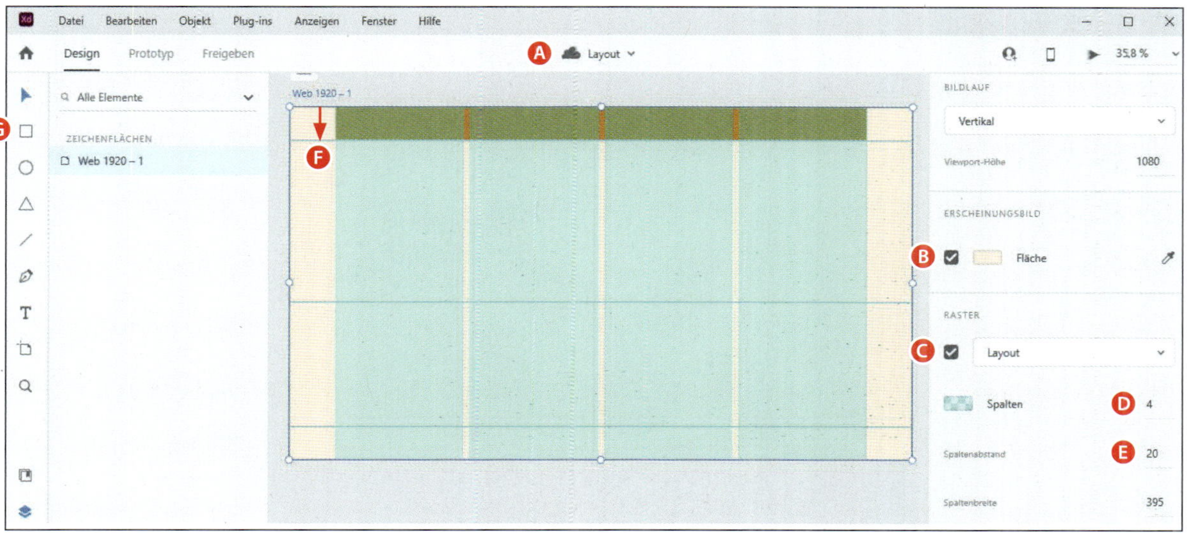

3 Ziehen Sie mit dem Rechteck-Werkzeug (A) einen weiteren Rahmen für das Titelbild auf.

4 Falls Sie die hier verwendeten Bilder verwenden möchten: Laden Sie auf bi-me.de den Ordner *prototyping.zip* herunter und entpacken Sie ihn.

5 Ziehen Sie die Datei *lemur.jpg* mit gedrückter Maustaste auf den eben erstellten Rahmen. Das Foto wird in den Rahmen eingefügt.

6 Um den Bildausschnitt zu verändern, wählen Sie das Auswahl-Werkzeug (B) und doppelklicken Sie auf das Foto. Sie können das Bild nun im Rahmen verschieben oder an den weißen Kreisen skalieren.

7 Importieren Sie die Datei *elefant.png* im Menü *Datei > Importieren* in Ihr Layout. (Alternativ können Sie die Datei auch mit gedrückter Maustaste auf eine freie Fläche des Layouts ziehen.)

8 Passen Sie die Größe an und platzieren Sie die Datei so in der Navigationsleiste (C), dass rechts davon noch Platz für drei weitere Grafiken ist.

9 Eine coole Funktion ist das *Wiederholungsraster*. Aktivieren Sie die Funktion (D) und ziehen Sie am Anfasser (E) nach rechts. Adobe XD erstellt nun Kopien des Icons. Erstellen Sie drei Kopien. Um die Abstände zwischen den Icons zu verändern, ziehen Sie mit gedrückter Maustaste zwischen zwei Icons (F).

10 Ersetzen Sie die Kopien durch die korrekten Icons, indem Sie die Dateien *giraffe.png, loewe.png* und *nashorn.png* mit gedrückter Maustaste auf das Elefant-Icon ziehen. Passen Sie die Größe der Icons wie bei Schritt 6 beschrieben an.

11 Wählen Sie das Textwerkzeug (G) und klicken Sie auf das Titelbild. Geben Sie den Text *Save us* ein.

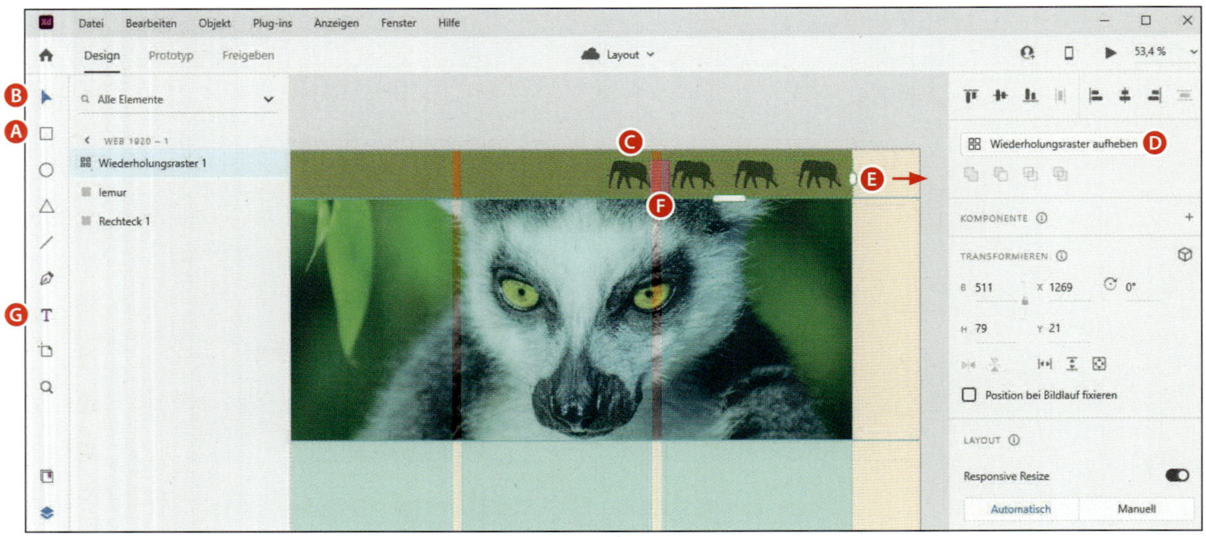

**12** Wechseln Sie zum Auswahl-Werkzeug **A**. Passen Sie die Schriftgröße durch Ziehen am weißen Kreis an. Wählen Sie in den Eigenschaften rechts die gewünschte Schriftart **B** und -farbe **C**.

**13** Ziehen Sie in der linken Spalte einen Rahmen auf und platzieren Sie in ihm das Foto *elefant.jpg*.

**14** Ziehen Sie unterhalb des Fotos einen Rahmen als Hintergrund für den Text auf. Geben Sie ihm eine weiße Farbe. (Stören Sie sich nicht daran, dass der Rahmen nicht komplett ins Layout passt, dies ändern wir in Schritt 18.)

**15** Ziehen Sie einen Textrahmen auf. Da noch kein Text vorliegt, verwenden wir Blindtext, den Sie zum Beispiel auf blindtextgenerator.de erzeugen und von dort kopieren können.

**16** Formatieren Sie den Text: Schriftart, Schriftgröße, Schriftfarbe.

**17** Wählen Sie das Auswahl-Werkzeug **A**. Klicken Sie mit gedrückter ⇧-Taste nacheinander auf das Foto, den weißen Hintergrund und auf den Textrahmen, um alle drei Objekte auszuwählen. Aktivieren Sie nun das *Wiederholungsraster* (siehe Schritt 9) und ziehen Sie nach rechts. Tauschen Sie wie in Schritt 10 beschrieben die Fotos aus und ändern Sie die Texte.

**18** Klicken Sie auf den Namen des Layouts **D**. Verlängern Sie den Screen nach unten, so dass der komplette Textrahmen sichtbar wird und noch Platz für eine Fußzeile ist.

**19** Ergänzen Sie abschließend eine Fußzeile mit drei Textlinks *Impressum, Datenschutz* und *AGB*.

**20** Klicken Sie auf den Play-Button **E**, um eine Vorschau Ihres Projekts zu sehen. Drücken Sie alternativ die Tastenkombination STRG ↵ (⊞) bzw. command ↵ ().

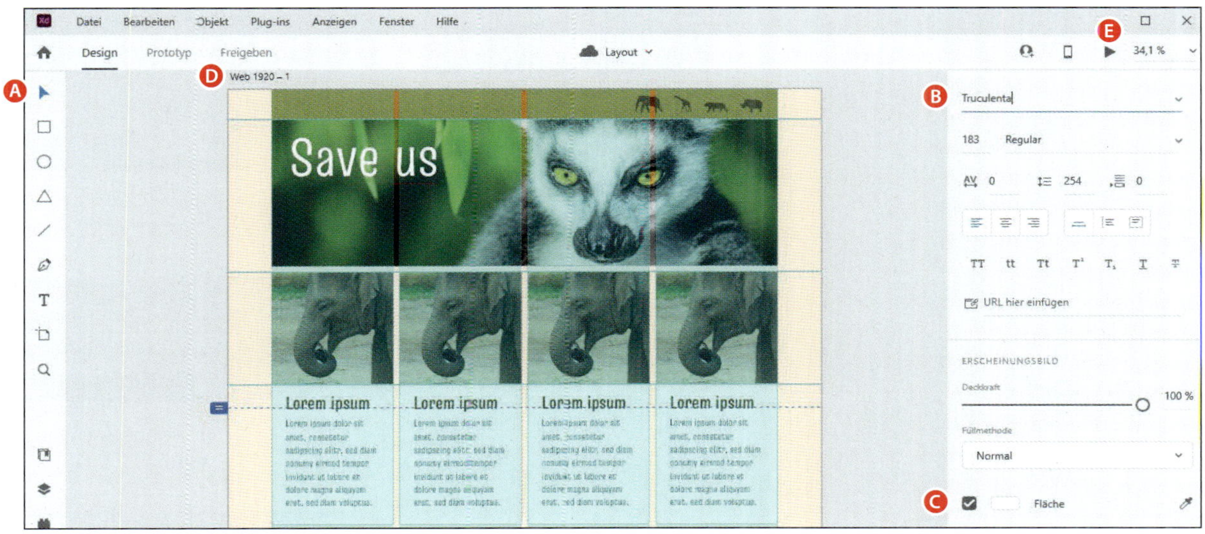

**Tablet und Smartphone – Making of ...**

Nachdem das Screendesign für (breite) Displays erstellt ist, sollen im nächsten Schritt Varianten für Tablets und Smartphones entwickelt werden.

1 Blenden Sie die Zeichenflächen A ein.

2 Machen Sie einen Rechtsklick auf *Web 1920* und benennen Sie diese Zeichenfläche in *Desktop* B um.

3 Machen Sie erneut einen Rechtsklick auf die Zeichenfläche und wählen Sie Duplizieren. Ändern Sie den Namen der neuen Zeichenfläche in *Tablet*.

4 Ändern Sie das Layout für Tablets in ein zweispaltiges Layout wie im Screenshot dargestellt. Verlängern Sie hierfür die Zeichenfläche, damit der gesamte Content sichtbar ist.

5 Testen Sie das Layout mit dem Play-Button (E auf vorheriger Seite). Beim Scrollen oder Wischen nach unten verschwindet die Navigationsleiste. Dies ändern wir ab:

6 Wählen Sie das Auswahl-Werkzeug C. Klicken Sie mit gedrückter ⇧-Taste nacheinander auf das braune Rechteck und auf die vier Icons der Navigationsleiste. Wählen Sie nach Rechtsklick *Gruppieren*. Weisen Sie der Gruppe rechts die Option *Position bei Bildlauf fixieren* zu.

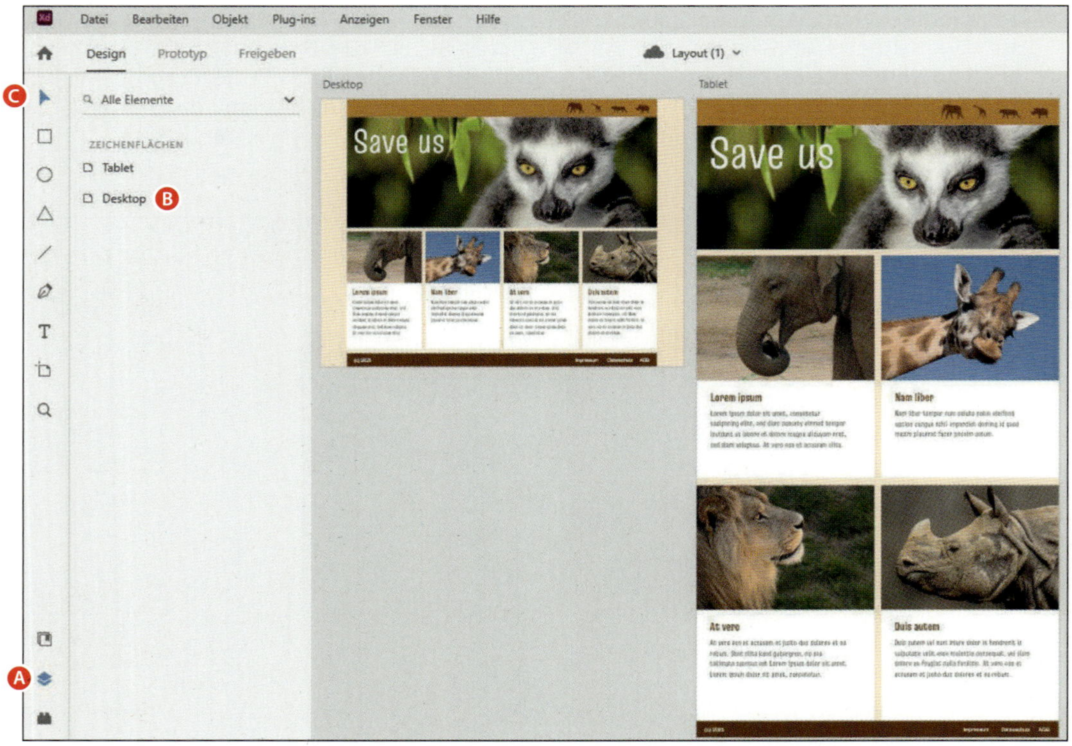

7 Wiederholen Sie die Schritte bis 6 für die Smartphone-Variante. Bei dieser soll der Content einspaltig angeordnet und die Navigationsleiste am unteren Rand fixiert werden.

8 Um die Links funktionsfähig zu machen, klicken Sie auf Prototyp **A**.

9 Doppelklicken Sie danach auf das Icon, das Sie verlinken möchten, z. B. auf das Nashorn. Ziehen Sie danach mit gedrückter Maustaste zum Linkziel, also zum Foto des Nashorns **B**.

10 Wiederholen Sie Schritt 9 für die anderen Icons.

11 Testen Sie die Funktion mit Hilfe des Play-Buttons oder über die Tastenkombination STRG ↵ (Windows) bzw. command ↵ (Apple).

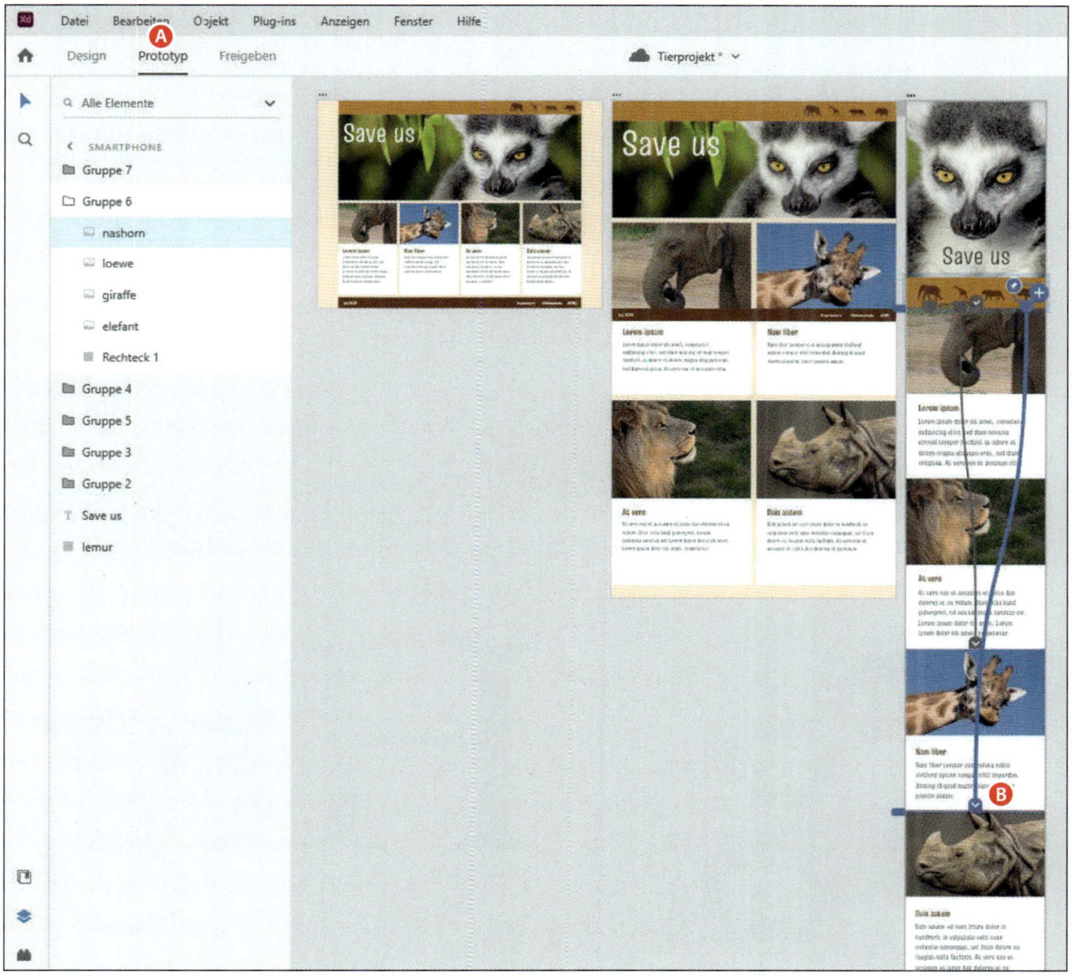

## 3.3 Typografie

### 3.3.1 Lesen am Bildschirm

Ob am Monitor, mit dem Smartphone, Tablet oder einem E-Book-Reader – wir lesen immer mehr am Display eines digitalen Endgerätes. Das Zeitungssterben hat längst begonnen, und noch ist nicht absehbar, ob Bücher und Zeitschriften folgen werden. Klar ist jedoch, dass das Internet Jahr für Jahr an Bedeutung gewinnt.

Grundsätzlich ist Lesen am Bildschirm anstrengender als auf Papier und dies hat im Wesentlichen zwei technische Gründe.

Erstens ist die Auflösung von Displays im Vergleich zur Druckauflösung geringer. Die Auflösung gibt die Anzahl an Punkten an, die pro Längeneinheit (Inch) dargestellt werden. Je höher die Auflösung ist, umso feinere Details lassen sich wiedergeben. Wie Sie in der Tabelle auf Seite 47 nachlesen können, beträgt die Auflösung der Monitore um die 150 ppi (Pixel pro Inch), Smartphones erreichen durchschnittliche Auflösungen von 400 ppi und sind damit deutlich besser.

Druckmaschinen oder auch kleinere Desktop-Drucker verwenden deutlich höhere Auflösungen von typischerweise 2500 bis 5000 dpi (Dots per Inch). Die Auflösung unseres menschlichen Auges liegt mit 600 bis 800 dpi irgendwo dazwischen. Dies bedeutet, dass wir gedruckte Schriften als glatt und stufenlos wahrnehmen, weil wir die einzelnen Rasterpunkte nicht auflösen können. Einzelne Monitorpixel lassen sich hingegen erkennen, da die Auflösung der Augen viel höher ist als die der Monitore. Dies wirkt sich negativ auf die Lesbarkeit aus. Betrachten Sie zum Vergleich die Grafik unten.

Ein zweiter Grund dafür, dass Lesen am Bildschirm anstrengender ist, liegt in der Kontrast- und Farbwiedergabe von Bildschirmen: Displays benötigen, außer bei E-Book-Readern, eine Hintergrundbeleuchtung, um Farben und Farbkontraste erzeugen zu können. Seitlicher Lichteinfall oder Gegenlicht wirken störend und verschlechtern den Kontrast zwischen Text- und Hintergrundfarbe. Dies merken Sie v. a. bei der Nutzung Ihres Smartphones im Freien. Doch auch Dunkelheit ist nicht ideal, weil das Leuchten des Displays anstrengend für die Augen ist.

Auf bedrucktem Papier hingegen entstehen Farben und Kontraste durch Reflexion der Lichtstrahlen. Eine ausreichende Beleuchtung vorausgesetzt, ergibt sich für das Auge ein angenehmer Text-Hintergrund-Kontrast.

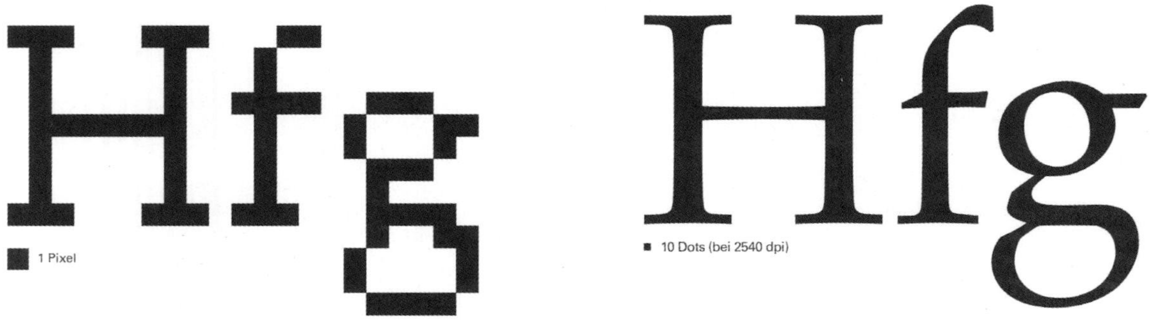


**Bildschirm- und Druckdarstellung**

Das Beispiel zeigt die Druckschrift Palatino in 12 pt und 14-facher Vergrößerung.

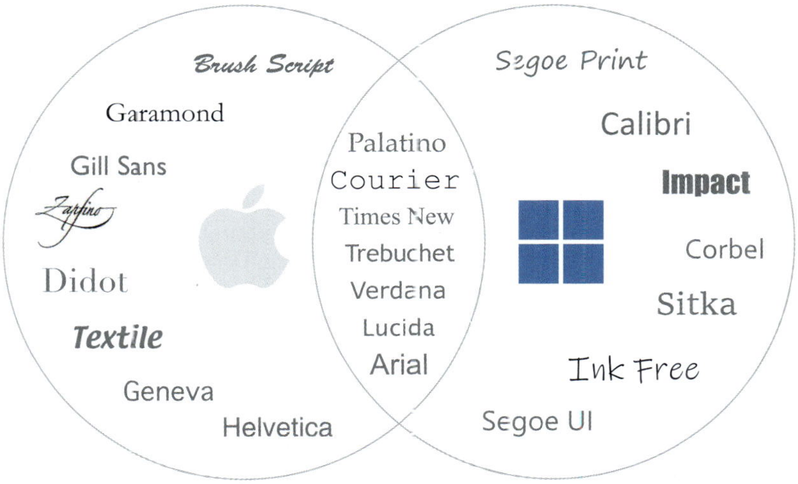


**Systemschriften**

Systemschriften werden zusammen mit dem Betriebssystem installiert. Schriften, die es bei macOS und bei Windows gibt, befinden sich in der Schnittmenge.

### 3.3.2 Bildschirmschriften

Aus den links genannten Gründen ist die Schriftauswahl für digitale Endprodukte eingeschränkt. Wegen der geringeren Auflösung im Vergleich zur Druckauflösung und wegen des beleuchteten Hintergrunds eignen sich viele Druckschriften nicht für die Verwendung auf Displays. Der Screenshot zeigt die vergrößerte Bildschirmdarstellung der Druckschrift *Garamond*.

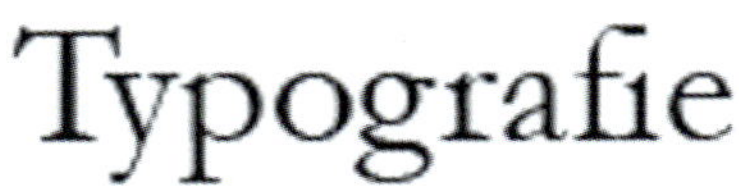


Daran können Sie Folgendes erkennen:

- Schräge Linien werden stufig und „pixelig" dargestellt.
- Feinheiten und Details der Schrift verschwinden – der Schriftcharakter geht verloren.
- Die Buchstabenabstände sind uneinheitlich und unausgeglichen.
- Halbtransparente Pixel müssen zur Darstellung der Buchstaben ergänzt werden.
- Die Lesbarkeit ist hierdurch stark beeinträchtigt.

Das Beispiel zeigt, dass sich Druckschriften nicht automatisch auch für die Verwendung auf Displays eignen. Dies gilt vor allem für

- Schriften mit filigranen Serifen und feinen Duktusunterschieden,
- kursive Schriften oder Schriftschnitte,
- Schreibschriften und
- gebrochene Schriften.

**HTML**

Neben den gestalterischen Einschränkungen bei der Schriftauswahl gibt es leider auch eine technische: Da HTML-Dateien – im Unterschied zu PDF-Dateien – Schriften nicht einbetten können, müssen Webdesigner/innen darauf achten, dass die von Ihnen verwendeten Schriften auch auf allen Geräten verfügbar sind, mit denen die Webanwendung betrachtet wird. Hier gibt es prinzipiell zwei Möglichkeiten:

- Verwendung einer *Systemschrift*, also einer Schrift, die mit dem Betriebssystem installiert wurde und somit auf allen Computern verfügbar ist.
- Zugriff auf *Webfonts*, die sich entweder auf einem externen Server befinden oder die zur Nutzung auf den eigenen Server geladen werden.

**Systemschriften – Fallback-Schriften**

In der Grafik auf der vorherigen Seite sehen Sie Systemschriften der Betriebssysteme macOS und Windows. Um eine Systemschrift zu verwenden, sollte sich diese in der Schnittmenge beider Betriebssysteme befinden, da sie andernfalls nur auf Apple- oder nur auf Windows-Computern vorhanden wäre.

Aufgrund der geringen Auswahl wird heute auf Systemschriften in der Regel verzichtet. Sinnvoll ist allerdings, bei der Codierung der Webanwendung eine oder mehrere Systemschriften als sogenannte *Fallback-Schriften* (fallback, dt.: zurückfallen) anzugeben. Dies bedeutet, dass die Schrift oder einzelne Zeichen daraus nur dann verwendet werden, wenn diese Zeichen in der vorgesehenen Schrift, z. B. einem Webfont, nicht verfügbar sind.

**Webfonts**

Mit CSS ist es möglich geworden, Schriften zu verwenden, die keine Systemschriften sind. Zwei Varianten stehen zur Verfügung:

Die erste – nicht zu empfehlende – Möglichkeit besteht darin, dass sich die Schriftdatei auf einem externen Server befindet und erst beim Öffnen der Webseite geladen wird. Der bekannteste Anbieter ist Google (fonts.google.com).

Das Problem hierbei ist, dass beim Zugriff auf (amerikanische) Google-Server die IP-Adresse des Users in die USA übertragen wird und dies nach der europäischen DSGVO (Datenschutz-Grundverordnung) einen unzulässigen Eingriff in die Persönlichkeitsrechte darstellt. Als Anbieter müssen Sie deshalb mit einer Abmahnung rechnen.

Die zweite – empfehlenswerte – Möglichkeit ist deshalb, die verwendete(n) Schriftdatei(en) auf den eigenen Server zu laden und damit den Zugriff auf externe Server zu vermeiden. Google hat mittlerweile auf die Abmahnwelle reagiert und ermöglicht den Download der ausgewählten Fonts **A**.

Neben Google gibt es eine ganze Reihe weitere Anbieter von Schriften,

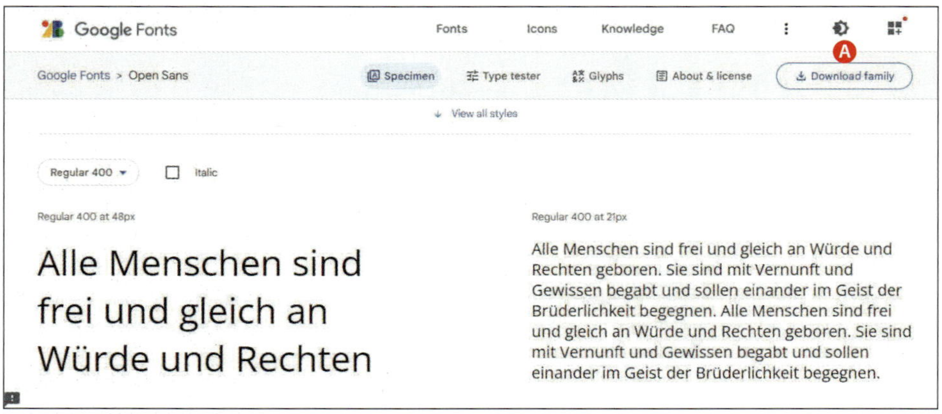


**Webfonts**

Webfonts sind für den Einsatz auf Displays optimiert. Bei Google Fonts können Sie aus sehr vielen Schriften auswählen – im Beispiel sehen Sie die Schrift *Open Sans*.

für die Sie eine Nutzungslizenz erwerben können, z. B. bei

- Adobe Fonts (fonts.adobe.com),
- Fontshop (fontshop.com/webfonts).

Sie benötigen keine fundierten HTML- und CSS-Kenntnisse, um eine Schrift auf Ihrer Webseite einzubinden. Für weitere Informationen zu diesem Thema verweisen wir auf den Band *HTML5 und CSS3* in dieser Buchreihe.

### 3.3.3 Schrift als Grafik

Nicht immer ist das Einbinden einer Schrift in den HTML-Quellcode möglich oder sinnvoll. Dies gilt insbesondere, wenn Sie die Schrift nur für kurze Texte oder einzelne Begriffe benötigen, z. B. zur Beschriftung von Buttons. In diesem Fall bietet es sich an, die Schrift in Photoshop (siehe Making of) oder Illustrator als Pixelbild zu exportieren.

Diese Vorgehensweise besitzt allerdings auch einige Nachteile:

- Qualitätseinbußen durch Umwandlung in ein Bild
- Nachträgliche Änderungen sind nicht mehr möglich.
- Bei Vergrößerung der Darstellung, z. B. durch Zoomen der Seite, wird die Darstellung unscharf.

**Making of ...**

1 Öffnen Sie eine neue Photoshop-Datei. Wählen Sie die Breite und Höhe passend zum gewünschten Display (siehe Seite 47).

2 Setzen Sie den oder die Texte in der gewünschten Schrift. Achten Sie darauf, dass die Ansicht auf 100 % eingestellt ist **A**.

3 Wählen Sie die Schriftgröße und -farbe wie gewünscht. Testen Sie, ob sich die Darstellung durch Kantenglättung **B** verbessern lässt.

4 Wählen Sie das *Slice-Werkzeug* **C**. Ziehen Sie Slices (dt.: Stücke) um den oder die Texte.

5 Klicken Sie auf den Pfeil bei **C** und wählen Sie das *Slice-Auswahlwerkzeug*. Nun können Sie auf die Slices doppelklicken und den gewünschten Namen vergeben. Dieser wird zum Dateinamen des Bildes.

6 Wählen Sie im Menü *Datei > Exportieren > Für Web speichern...*

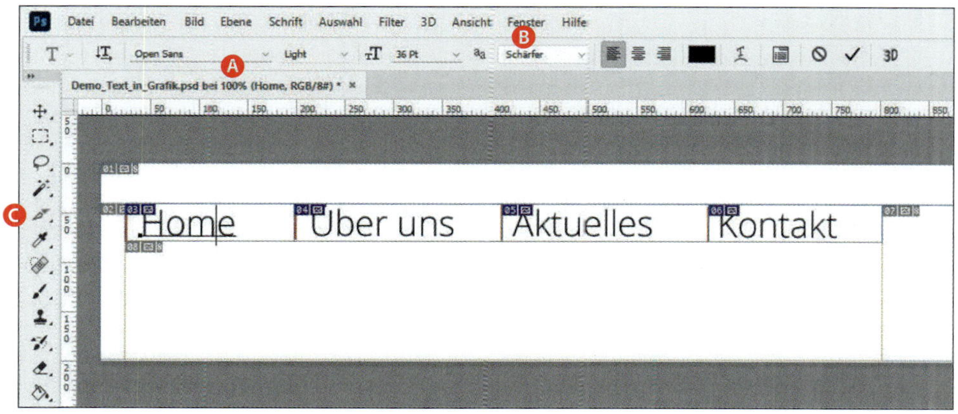


**Schrift als Grafik**
Mit Hilfe von Slices können Sie in Photoshop oder Illustrator Schrift als Grafik exportieren.

7 Wählen Sie das Dateiformat PNG-24, weil es die beste Qualität bietet (siehe Seite 81).

8 Klicken Sie auf *Speichern*. Photoshop erstellt einen Ordner *Images* und fügt alle Slices ein. Nicht benötigte Dateien, die Slices außerhalb der Texte, können Sie löschen.

### 3.3.4 Bildschirmtypografie

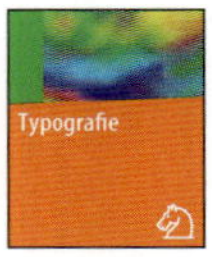


Für die Typografie am und für den Bildschirm gelten die Regeln, die auch im Printbereich gelten, und die wir im Band *Typografie* zusammengefasst haben. Darüber hinaus gibt es jedoch Forderungen für digitale Medien:

- Der Typograf Kurt Weidemann hat einmal gesagt: *Typografie ist eine Dienstleistung*. Achten Sie bei Schriftauswahl darauf, dass eine optimale Lesbarkeit auf allen Geräten gewährleistet werden muss – testen Sie Ihre Webanwendung auf diesen Geräten.
- Arbeiten Sie bei breiten Displays mehrspaltig. Damit das Auge nicht verrutscht, sollten Bildschirmzeilen nicht mehr als 60 Zeichen pro Spalte haben. Bei schmal laufender Schrift dürfen es auch mal 80 Zeichen sein.
- Der Zeilenabstand kann zur Verbesserung der Lesbarkeit von der Grundregel, 120 % mal Schriftgröße, abweichen und etwas größer gewählt werden.
- Bei Druckprodukten soll inhaltlich zusammenhängender Text auch optisch eine Einheit bilden. Leerzeilen sind zu vermeiden. Bei Digitalmedien gilt diese Regel nicht so streng: Zur Gliederung dürfen bzw. sollten auch größere Abstände verwendet werden.
- Angaben zu Schriftgrößen erfolgen in der relativen Einheit *em*. Dabei entspricht 1 em der Grundschriftgröße des Browsers von 16 px. Die Angabe 0,6 em ergibt also 0,6 · 16 px = 9,6 px. Wird die Grundeinstellung durch den Nutzer verändert, so ändern sich damit alle Schriftgrößen. Dies ist ausdrücklich so gewollt!
- Da Texte auf HTML-Seiten normalerweise keine Trennungen aufweisen, empfiehlt sich der linksbündige Flattersatz.

**Checkliste Bildschirmtypografie**

- Die Zeilenlänge sollte 60 Zeichen pro Zeile nicht überschreiten. Setzen Sie den Text bei breiten Displays mehrspaltig.
- Gliedern Sie Ihre Texte in gut überschaubare Einheiten oder Blöcke. Leerzeilen sind – im Unterschied zu Printmedien – erlaubt.
- Verwenden Sie relative Angaben (em) für Schriftgrade, so dass die Schriftgrößen der Browsergrundschrift angepasst werden und skalierbar sind.
- Achten Sie auf einen ausreichenden Kontrast zwischen Schrift- und Hintergrundfarbe. Vermeiden Sie aber maximale Kontraste, die zum Flimmereffekt führen können.
- Wählen Sie für den Mengentext eine am Bildschirm sehr gut lesbare Schrift. Vermeiden Sie sehr feine, kursive, schmale, gebrochene oder geschriebene Schriften.
- Verwenden Sie zur Auszeichnung einen fetten Schnitt oder eine andere Farbe. Kursiv ist schlecht lesbar und Unterstreichungen sind den Links vorbehalten.
- Vermeiden Sie, v. a. für mobile Webanwendungen, lange Texte. Reduzieren Sie Ihre Texte auf wichtige Kernaussagen.
- Leiten Sie einen längeren Text durch einen „Aufmacher" (Teaser) ein. Ergänzen Sie einen Textlink: Lesen Sie mehr. Der Leser kann nun entscheiden, ob er den Text lesen will oder nicht.
- Stellen Sie längere Texte zusätzlich in einer druckbaren Version (schwarze Schrift auf weißem Hintergrund) oder als PDF zur Verfügung.
- Beachten Sie bei der Verwendung von Webfonts, dass sich diese nicht auf Servern außerhalb der EU befinden.

## 3.4 Farben

In den Printmedien muss die Verwendung von Farben wohlüberlegt sein, weil mehrfarbiger Druck kostspieliger ist als Schwarz-Weiß-Druck. Dies gilt vor allem, wenn Sonderfarben verwendet werden sollen.

In den Digitalmedien kostet Farbe nichts, so dass Sie sich keine Gedanken machen müssen, *ob* Sie Farbe einsetzen, sondern nur, *wie* Sie diese einsetzen. Hierzu betrachten wir zunächst einmal die Unterschiede zum Druck.

### 3.4.1 Additive und subtraktive Farbmischung

**Additive Farbmischung – RGB**
Bei Monitoren, Smartphone-Displays, Fernsehern oder Beamern kommen rote, grüne und blaue Lichtquellen zum Einsatz. Da sich die Energie dieser Lichtquellen addiert, wird von *additiver Farbmischung* gesprochen.

Die durch Addition entstehende Mischfarbe ist stets eine hellere Farbe. Beispielsweise addiert sich rotes und grünes Licht zu Gelb. Die Mischung von Rot, Grün und Blau ergibt Weiß. Das additive Farbsystem wird gemäß den Grundfarben Rot, Grün und Blau als *RGB-System* bezeichnet. Alle Farben, die der Mensch sieht, setzen sich aus diesen Grundfarben zusammen.

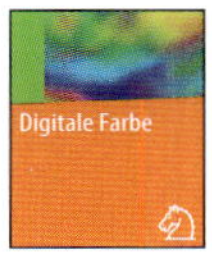


**Subtraktive Farbmischung – CMY**
Bei gedruckter Farbe sehen wir den Lichtanteil, der vom Bedruckstoff, meistens Papier, reflektiert wird.
Die restliche Lichtenergie wird vom Bedruckstoff aufgenommen (absorbiert). Die Bezeichnung *subtraktive Farbmischung* kommt also daher, dass ein Teil der Lichtenergie verschwindet.

Der Farbeindruck Gelb kommt dadurch zustande, dass ein mit weißem Licht (also Rot, Grün und Blau) beleuchteter Bedruckstoff den blauen Farbanteil absorbiert. Reflektiert werden Grün und Rot und ergeben – wie oben beschrieben – additiv Gelb.

Grün entsteht, wenn sich die transparenten (lasierenden) Druckfarben Cyan und Gelb überlappen. Gelb absorbiert Blau und Cyan absorbiert Rot, so dass Grün reflektiert wird. Werden alle Farbanteile absorbiert, dann sehen wir – im wahrsten Sinn des Wortes – Schwarz.

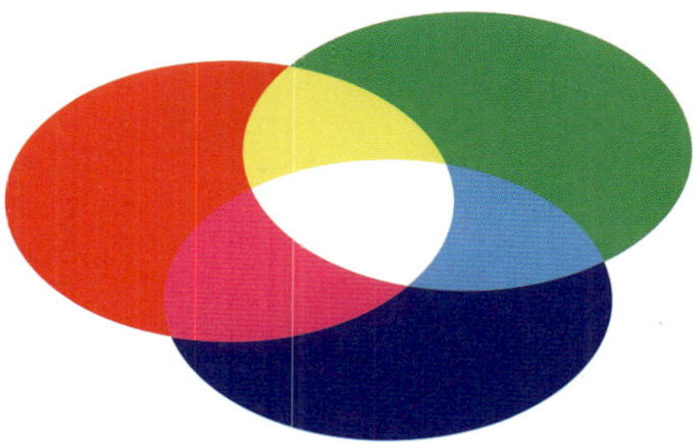

**Additive Farbmischung**
Die Lichtenergie der Primärfarben RGB addiert sich und ergibt die Sekundärfarben CMY und die Tertiärfarbe Weiß.

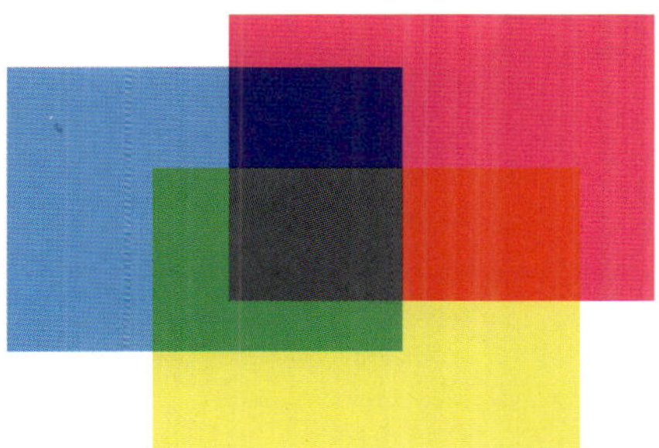

**Subtraktive Farbmischung**
Drei Farbflächen mit den Primärfarben CMY überdecken sich teilweise. Durch die lasierenden Druckfarben entstehen die Sekundärfarben RGB und als Tertiärfarbe Schwarz.

Die drei Grundfarben im Druck heißen Cyan, Magenta und Gelb. Das zugehörige Farbsystem *CMY*, weil das englische Wort für Gelb, Yellow, verwendet wird. Nun wissen Sie vermutlich, dass in jedem Drucker eine vierte Farbe, Schwarz, hinzukommt. Da das B von Black schon durch Blau bzw. Blue belegt ist, hat man sich für den Buchstaben K entschieden. Das Vierfarbensystem für den Druck heißt deshalb CMYK.

### 3.4.2 Arbeitsfarbraum

Wie wir gesehen haben, findet Screendesign immer in einem RGB-Farbraum statt. Leider besitzt jeder Monitor, jedes Farbdisplay und jeder Beamer einen eigenen – geräteabhängigen – RGB-Farbraum. Diese unterscheiden sich hinsichtlich Größe und damit Farbumfang. Welcher Farbraum muss eingestellt werden?

**sRGB**

Da Webseiten mit unterschiedlichen Endgeräten betrachtet werden, ist die Festlegung auf einen bestimmten Gerätefarbraum im Grunde nicht möglich. Empfehlenswert ist die Verwendung des 1996 definierten Standard-RGB-Farbraums, kurz *sRGB* **A**. Dieser besitzt zwar einen kleineren Farbumfang als andere RGB-Farbräume, dafür kann man annehmen, dass sRGB auf sehr vielen Endgeräten korrekt angezeigt werden kann. Sie entscheiden sich somit für die (kleinere) Schnittmenge vieler RGB-Farbräume. Den Arbeitsfarbraum stellen Sie in den Adobe-Programmen im Menü *Bearbeiten > Farbeinstellungen* ein.

Auch CMYK-Farbräume sind geräteabhängig, hängen also von der Druckmaschine ab, auf der gedruckt wird. Generell gilt, dass sich RGB- und CMYK-Farbräume deutlich voneinander unterscheiden. So gibt es viele Farben, die zwar am Bildschirm angezeigt, aber nicht gedruckt werden können, z. B. leuchtende oder stark gesättigte Farben.

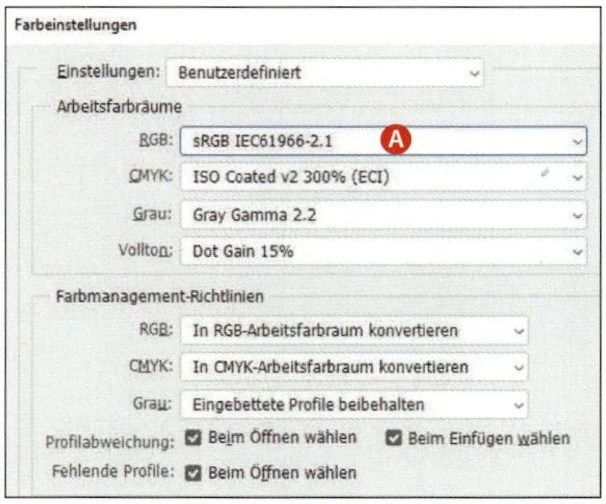


**Farbeinstellung bei Adobe CC**

Die Einstellung finden Sie bei allen Adobe-Programmen im Menü *Bearbeiten > Farbeinstellungen...*

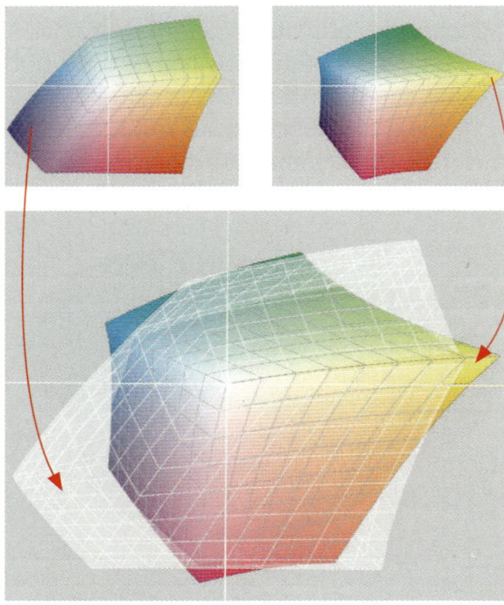

**RGB- und CMYK-Farbraum**

Schnittmenge eines RGB-Farbraums (links) und eines CMYK-Farbraums (rechts). Die Farben außerhalb der Schnittmenge (rote Pfeile) sind entweder nicht druckbar oder auf Displays nicht darstellbar.

Umgekehrt gibt es druckbare Farben, die auf dem Monitor nicht darstellbar sind, z. B. bestimmte Gelbtöne. Hinzu kommt, dass im Druck Sonderfarben und Lacke eingesetzt werden, um z. B. metallische Farben zu erhalten.

**Farbwahl – Making of …**

Ein *Corporate Design* erfordert eine durchgängige Farbgestaltung aller Medien. Die Farben eines Logos sollen auf der Homepage genauso aussehen wie auf dem Briefpapier. Um dies zu ermöglichen, wählen Sie Farben aus der Schnittmenge des verwendeten RGB- und CMYK-Farbraums.

1. Wählen Sie im Farbwähler von Photoshop oder Illustrator die gewünschte Farbe aus Ⓐ.
2. Liegt die Farbe außerhalb des Druckbereichs, zeigt dies eine *Farbumfangswarnung* Ⓑ an.
3. Durch Anklicken des Warnsymbols Ⓑ erreichen Sie, dass die Farbe in den Druckfarbraum verschoben wird.
4. Lesen Sie nun die Farbwerte sowohl für den CMYK- Ⓒ als auch für den RGB-Farbraum Ⓓ ab.

### 3.4.3 Fehlende Farbverbindlichkeit

Während es im Printbereich mit Hilfe von *Color Management* möglich ist, eine verbindliche Farbdarstellung von der Datenerfassung bis zum Druck zu erzielen, ist dies im Bereich der Digitalmedien leider nicht möglich. Wie bereits erwähnt liegt dies daran, dass jedes Display einen eigenen RGB-Farbraum besitzt und dies eine unterschiedliche

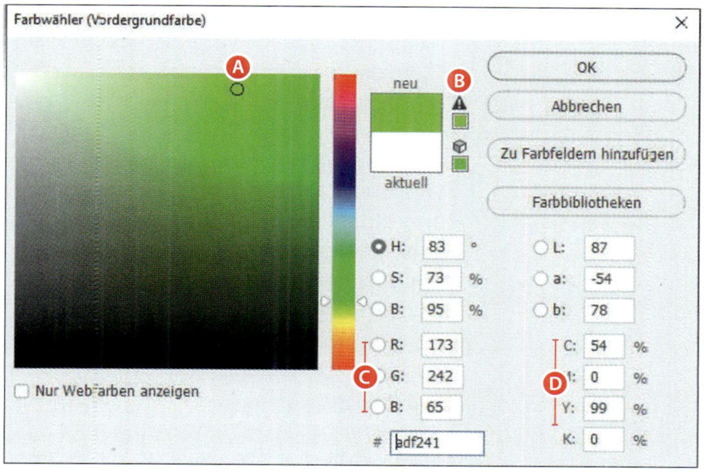


**Farbwähler**

In Photoshop oder Illustrator erhalten Sie eine Warnung Ⓒ, wenn eine Farbe außerhalb des Druckfarbraums liegt.

Farbdarstellung zur Folge hat. Weitere Faktoren sind:

- *Blickwinkel*
  Die Farbdarstellung ist davon abhängig, ob Sie senkrecht oder schräg auf ein Display blicken.
- *Lichtverhältnisse der Umgebung*
  Das Umgebungslicht hat einen maßgeblichen Einfluss auf die Farbwirkung eines Displays. Bei völliger Dunkelheit erscheinen die Farben hell, leuchtend und gesättigt, während sie bei heller Beleuchtung oder im Freien blass wirken. Eine verbindliche Farbdarstellung ist damit völlig ausgeschlossen.
- *Helligkeits- und Kontrasteinstellung*
  Am Monitor können Sie die Helligkeit und den Kontrast einstellen, bei den mobilen Endgeräten zumindest die Helligkeit. Die Einstellung wirkt sich auf die Farbdarstellung aus.
- *Farbtemperatur*
  Durch Einstellung der Farbtemperatur (in Kelvin) bestimmen Sie, ob das Display Weiß eher gelblich oder eher bläulich darstellt. Die Einstellung wirkt sich nicht nur auf Weiß, sondern auf alle Farben aus.

- *Alter des Displays*
  Displays „altern", verlieren also im Laufe der Zeit ihre Leuchtkraft, und Farben werden farbstichig oder verblassen.

Während Sie die Farbdarstellung auf Seiten der Nutzer nicht beeinflussen können, sollten zumindest Sie dafür Sorge tragen, dass Ihr eigener Monitor kalibriert ist und die Umgebungsbeleuchtung am Arbeitsplatz den Vorgaben entspricht (Normlicht).

### 3.4.4 Farbkontraste

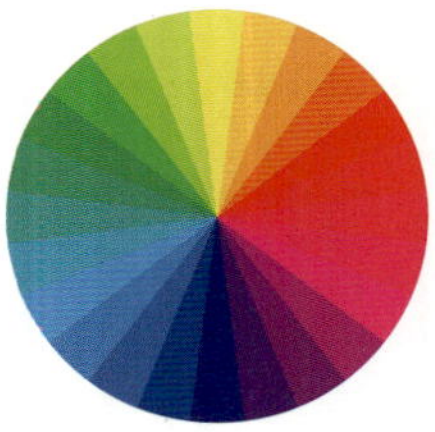

**Farbkreis (24 Farben)**

Farben werden häufig kreisförmig angeordnet. Gegenüberliegende Farben werden als komplementäre Farben bezeichnet.

Farben stehen niemals für sich alleine, sie bilden immer einen Kontrast zum umgebenden Hintergrund. Der Schweizer Maler *Johannes Itten* (1888–1967) hat sieben Farbkonstraste definiert:

- *Simultankontrast*
  Farben wirken unterschiedlich in Abhängigkeit von der Umgebungsfarbe. Gelb wirkt auf Rot anders als auf Grün.
- *Komplementärkontrast*
  Farben, die sich im Farbkreis gegenüber liegen, heißen komplementär. Ihr Kontrast ist maximal und deshalb oft zu groß.
- *Warm-kalt-Kontrast*
  Gelb- und Rottöne sind warme, Blau- und Grüntöne kalte Farben. Diesen Kontrast finden wir in der Natur oft vor.
- *Hell-Dunkel-Kontrast*
  Der Kontrast entsteht zwischen hellen und dunklen Farben oder unterschiedlichen Grautönen.
- *Quantitätskontrast*
  Kleine Flächen bilden zu großen Flächen einen Kontrast, wenn die Leuchtkraft der kleinen Fläche größer ist als die der großen Fläche.
- *Qualitätskontrast*
  In diesem Fall sind beide Flächen

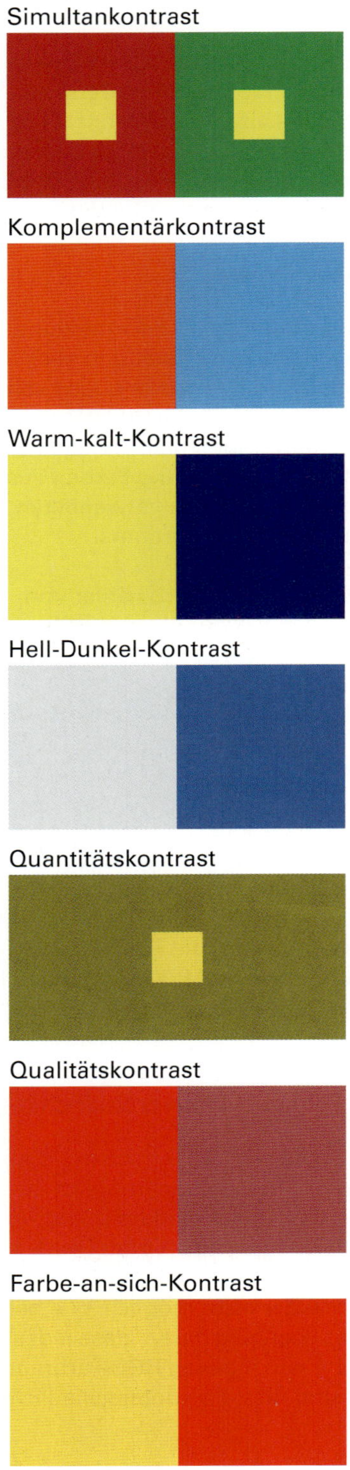


**Farbkontraste**

Die Grafik zeigt die sieben durch Johannes Itten definierten Farbkontraste.

gleich groß. Der Kontrast entsteht durch die unterschiedliche Sättigung und Helligkeit der Farbe.

- *Farbe-an-sich-Kontrast*
  Dieser starke Kontrast entsteht durch Kombination zweier stark gesättigter Farben.

Farbkontraste beeinflussen die Benutzerfreundlichkeit (Usability) maßgeblich. Dies gilt insbesondere für den Kontrast zwischen Text und Hintergrund. Lesen am Bildschirm ist anstrengender als auf Papier. Aus diesem Grund müssen Sie beim Screendesign besonders auf ausreichend hohe, aber nicht maximale Kontraste achten. Letztere – vor allem Komplementärkontraste – können zum Flimmereffekt führen: Da das Auge infolge der hohen Kontraste überreizt wird, kommt es zum „Verschwimmen" der Konturen. In der Tabelle finden Sie Grundregeln, die Sie bei der Farbauswahl beachten sollten.

**Checkliste Farbkontraste**

- Achten Sie auf große Kontraste. Dies ist v. a. für die Betrachtung im Freien sehr wichtig, da das Umgebungslicht dort sehr hell ist.
- Hellgraue oder pastelfarbene Hintergründe sind dezent und ergeben einen angenehmen Kontrast zu dunklen Textfarben (Hell-Dunkel-Kontrast).
- Schwarz oder dunkle Farben sind als Textfarben von den Printmedien bekannt und auch für digitale Medien gut geeignet.
- Vermeiden Sie grelle oder leuchtende Farben im Hintergrund – dieser muss auch optisch hinten stehen.
- Verzichten Sie auf unruhige Hintergründe, um die Lesbarkeit nicht zu gefährden. Dies gilt z. B. auch, wenn Sie Text auf einem Foto platzieren. Hinterlegen Sie den Text ggf. mit einer halbtransparenten Tonfläche.
- Vermeiden Sie maximale Kontraste (Komplementärkontraste, z. B. Cyan – Rot), da es hierdurch zum optischen Flimmern kommen kann.
- Negative (also helle) Schrift auf dunklem Hintergrund ist nur für kurze Texte geeignet.
- Vermeiden Sie Farbkombinationen, die für Menschen mit Farbfehlsichtigkeit nicht unterscheidbar sind, z. B. Rot/Grün. Dies können Sie bei Photoshop im Menü *Ansicht > Proof einrichten > Farbenblindheit* simulieren.
- Die Auswahl von Farben hat viel mit der zu erwartenden Zielgruppe zu tun. Kinder lieben es bunt, an starken (Farbe-an-sich-)Kontrasten werden sie sich nicht stören. Je älter die Zielgruppe ist, umso eher ist auf eine ruhigere und dezentere Farbgestaltung zu achten.

### 3.4.5 Farbfunktionen

Stellen Sie sich ein Leben ohne Farbe vor – furchtbar! Farbe hat nicht nur einen schmückenden Charakter, sie

- schafft Assoziationen und Emotionen,
- leitet und führt,
- gliedert, hebt hervor, setzt Akzente,
- wird zur Marke – denken Sie an Milka, oder Coca Cola oder Telekom,
- ist Ihr wichtigstes Gestaltungsmittel!

**Farbwahrnehmung**

Zu jeder Farbe haben wir bestimmte Assoziationen, mehr noch, sie kann Emotionen bei uns auslösen. Was verbinden Sie mit Rot? Ist es vielleicht Liebe, Leidenschaft, Wärme? Oder ist es eher Blut, Krieg, Gefahr, Feuer?

Durch die Wahl der Farbe(n) nehmen Sie als Gestalter/-in also bewusst Einfluss darauf, wie eine Website unbewusst wahrgenommen wird. Auch die Werbung macht sich diese Tatsache geschickt zunutze.

Welches ist Ihre Lieblingsfarbe? Farbwahrnehmung ist subjektiv. Dennoch besitzen Menschen Vorlieben für Farben. Untersuchungen zeigen, dass die Lieblingsfarben bei Männern *und* bei Frauen Blau, Rot und Grün sind, die Farben der additiven Farbmischung.

**Rot ist**

Liebe
Energie
Blut
Krieg
Leidenschaft
Gefahr
Wärme
Feuer
…

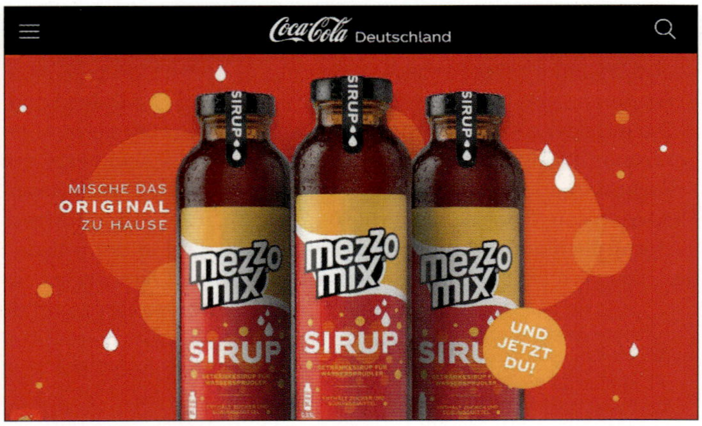


**Grün ist**

Hoffnung
Natur
Gift
Frühling
Ruhe
Gesundheit
Erholung
…

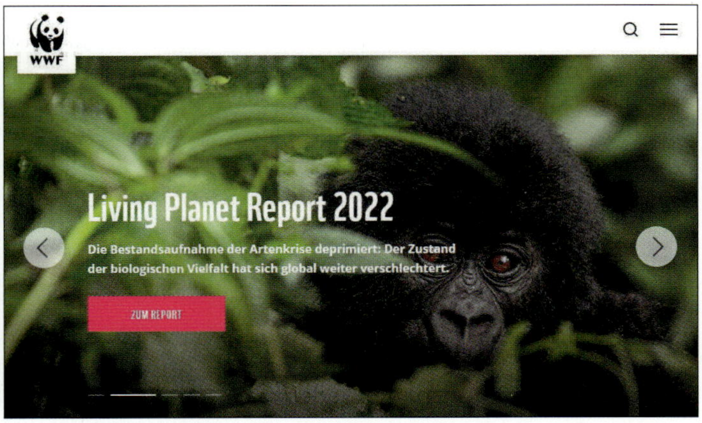


**Blau ist**

Technik
Natur
Wasser
Gelassenheit
Kühle
Ruhe
Seriosität
…

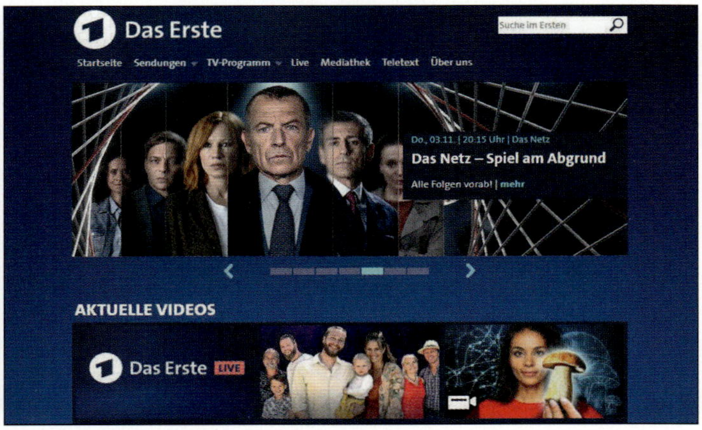


**Farbassoziationen**

Jeder Mensch bringt Farben mit Begriffen oder Stimmungen in Verbindung.

### Farbakzente

Sie kennen sicher das Sprichwort: „Man sieht den Wald vor lauter Bäumen nicht." Auf Farbe bezogen heißt dies: Wenn Sie Farbe ständig und überall einsetzen, können Sie damit nichts mehr hervorheben.

Seit einigen Jahren geht der Trend in die entgegengesetzte Richtung. Der Einsatz von Farben auf Webseiten ist stark reduziert. Als Hintergrund wird derzeit häufig Weiß oder Schwarz verwendet und auch im Vordergund dominieren oft unbunte Farben. Dies hat zur Folge, dass das Auge des Betrachters auf die wenige Farbe gelenkt wird – ein unbewusst ablaufender Vorgang. Auf neutralem Hintergrund entwickeln Farben eine höhere Leuchtkraft und kommen hierdurch zur Geltung.

Betrachten Sie die rechts dargestellten Screenshots der Webauftritte von Adidas, Apple und Audi: Farbe kommt ausschließlich in den vorgestellten Produkten vor. Die überwiegend durch unbunte Töne gestalteten Webdesigns lassen die Seiten elegant, seriös und edel erscheinen, passend zu den Produkten, die auf den Seiten vorgestellt werden.

### Farbleitsystem

Farbe kann, im wahrsten Sinne des Wortes, eine leitende Funktion übernehmen – man spricht in diesem Fall von einem *Farbleitsystem*.

Auch für diese *Bibliothek der Mediengestaltung* verwenden wir Leitfarben, um Ihnen die Nutzung der Bände zu erleichtern. Diesem Band haben wir die Farbe Dunkelblau (siehe oben rechts) zugeordnet, das gesamte Farbspektrum finden Sie im Vorwort.

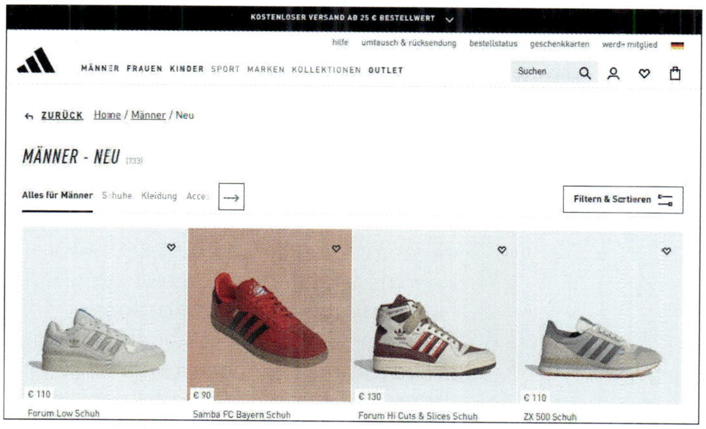


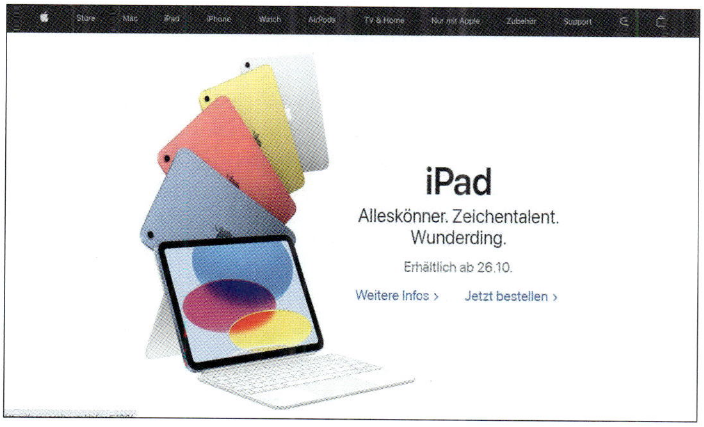


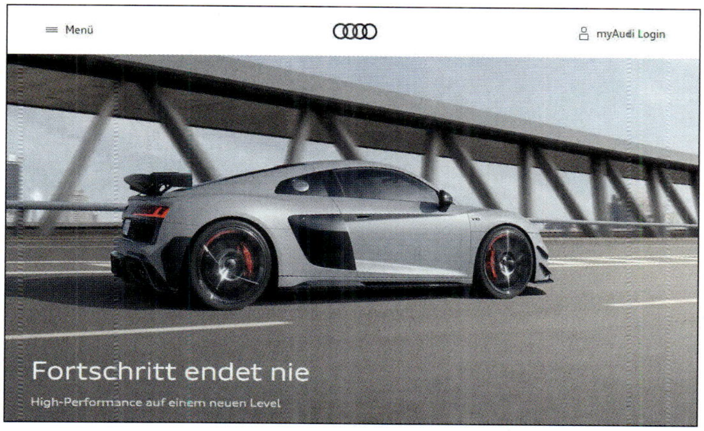


**Farbakzente**

Farbe fokussiert den Blick des Betrachters auf die Produkte.

### 3.4.6 Farbwahl

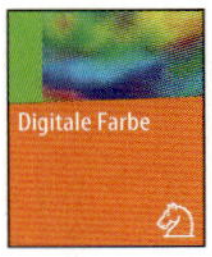


Der (s)RGB-Farbraum besitzt über 16 Millionen Farben, aus denen Sie für eine Webseite vielleicht drei oder vier auswählen müssen. Nun haben Sie die berühmte Qual der Wahl.

In den letzten Abschnitten haben Sie einige technische und gestalterische Regeln kennengelernt, die bei der Farbauswahl berücksichtigt werden müssen:

- Farben müssen, falls sie auch für Printmedien benötigt werden, druckbar sein. Hier hilft die Farbumfangswarnung von Photoshop oder Illustrator weiter.
- Farben müssen geeignete Farbkontraste bilden. Wichtige Regeln finden Sie in der Checkliste auf Seite 71.
- Farben haben nicht nur schmückenden Charakter, sondern erfüllen auch Funktionen. Sie gliedern, leiten, heben hervor usw.
- Farben müssen letztlich zur Zielgruppe passen. Nicht jeder mag es knallig-bunt.

L*a*b*-Farbraum

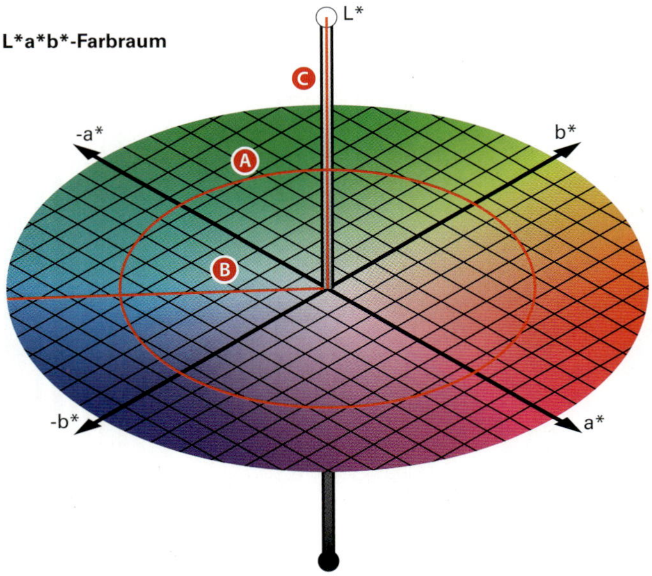


**L*a*b*-Farbraum**

Die oben genannten Regeln geben gute Anhaltspunkte, reichen aber noch nicht aus, um Farben auszuwählen, die in einem harmonischen Verhältnis zueinander stehen.

Für die Farbauswahl ist der ungleichmäßig geformte RGB-Farbraum nicht gut geeignet. Aus diesem Grund wurden dessen Farben in den sogenannten *L*a*b*-Farbraum* umgerechnet. Dieser ist einerseits geräteunabhängig und berücksichtigt andererseits die Farbwahrnehmung durch unsere Augen.

Die Grafik zeigt einen Schnitt durch den L*a*b*-Farbraum. Wie Sie sehen, sind die Farben auf einer Scheibe angeordnet. Jede Farbe, bzw. ihr Ort im Farbraum, kann nun durch drei Kenngrößen beschrieben werden:

- Die *Helligkeit* L* (Luminanz) wird durch die Lage auf der senkrechten Grauachse bestimmt. Am oberen Ende finden Sie Weiß, am unteren Ende Schwarz.
- Die *Sättigung* C* (Chroma) ergibt sich aus dem Abstand der Farbe von der Grauachse. Am äußeren Rand liegen die maximal gesättigten Farben.
- Der *Farbton* H* (Hue) schließlich ergibt sich aus den Koordinaten a* und b*.

Dies hört sich zunächst kompliziert an, doch bietet diese Beschreibung der Farben einen großen Vorteil bei der Farbauswahl.

**Farbharmonien**

Im L*a*b*-Modell ist es sehr einfach möglich, Farben zu wählen, die sich nur in einer der drei Kenngrößen voneinander unterscheiden:

- Farben auf einer Kreislinie (A) besitzen einen unterschiedlichen Farbton, Helligkeit und Sättigung sind gleich.
- Farben auf einer radialen Linie (B) haben denselben Farbton, unterscheiden sich aber in ihrer Sättigung.
- Farben auf einer senkrechten Linie (C) haben denselben Farbton, unterscheiden sich aber in ihrer Helligkeit.

Wenn Sie zusätzlich dafür sorgen, dass die gewählten Farbtöne einen gleichmäßigen Abstand besitzen, dann ergeben sich Farben, die in einem harmonischen Verhältnis zueinander stehen. Die Grafiken rechts zeigen drei Beispiele für Farbdreiklänge.

Wie lassen sich derartige Farbharmonien finden? Auch für diesen Zweck finden wir im Internet kostenfreie Tools, z. B. *Adobe Color.*

**Farbdreiklänge**

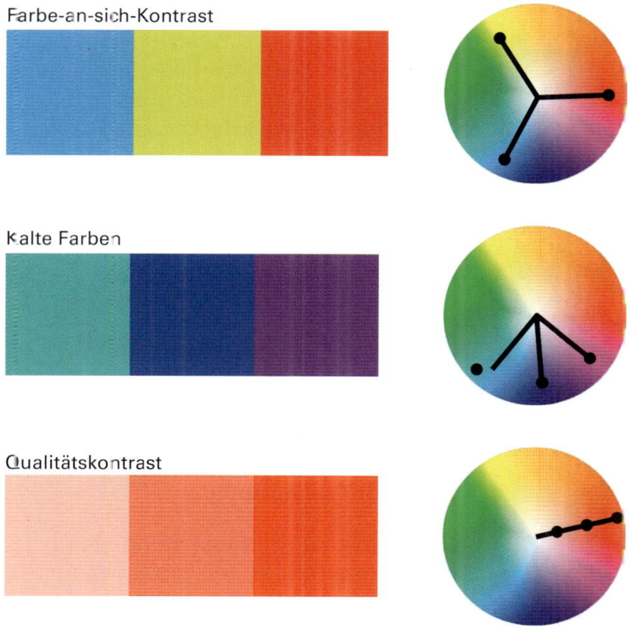


### Adobe Color – Making of …

1 Öffnen Sie die Website color.adobe.com.

2 Wählen Sie die gewünschte Farbregel, z. B. Analogous (D).

3 Ziehen Sie die Farbregler an die gewünschte Position. Die Sättigung nimmt von außen nach innen ab. Tipp: Durch Ziehen am Kreis mit Pfeil (E) verändern sich alle anderen Farben mit.

4 Wählen Sie am untersten Regler (F) die gewünschte Helligkeit.

5 Notieren Sie sich die RGB-Werte (G) der gefundenen Farben. Noch einfacher ist es, wenn Sie im Farbwähler von Photoshop oder Illustrator den hexadezimalen Code (H) eingeben.

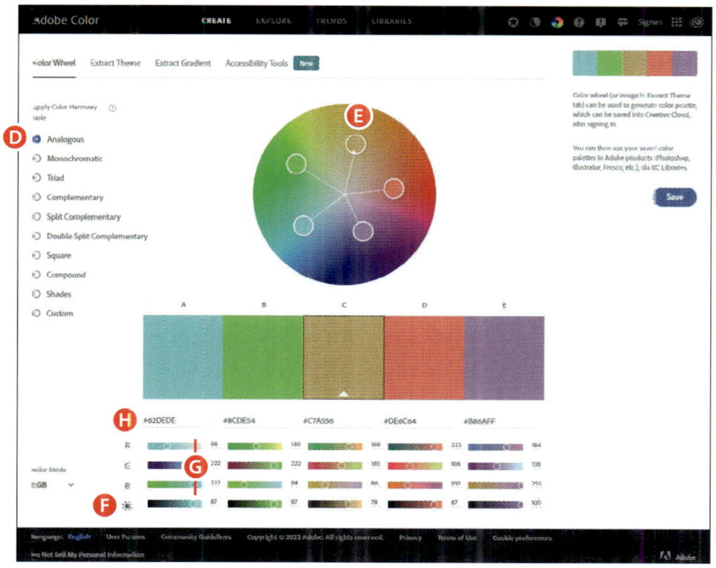


**Adobe Color**
Webtool zur Auswahl von Farben, die in einem harmonischen Verhältnis zueinander stehen.

## 3.5 Bilder und Grafiken

Bilder und Grafiken sind die wichtigsten Komponenten von Webseiten. Als visuelle Lebewesen nehmen wir Menschen Informationen viel schneller und besser über den Sehsinn auf als über den Hör-, Riech-, Geschmacks- oder Tastsinn. Außerdem sagen Bilder bekanntlich mehr als tausend Worte.

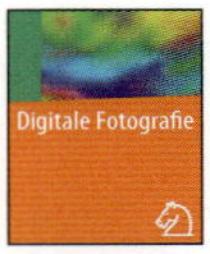


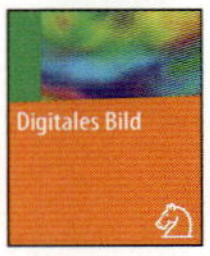


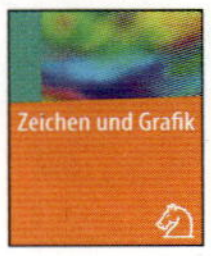


Das Thema ist so umfangreich, dass wir ihm mehrere Bände (*Digitale Fotografie, Digitales Bild, Zeichen und Grafik*) in dieser Buchreihe gewidmet haben. Auf diesen wenigen Seiten kommen deshalb vor allem die Aspekte zur Sprache, die für die Verwendung von Bildern oder Grafiken im Webdesign gelten.

### 3.5.1 Bildgestaltung

Die Regeln der Bildgestaltung gelten gleichermaßen für gedruckte wie für digitale Bilder. Wir fassen an dieser Stelle deshalb nur einige wichtige Grundregeln zusammen.

**Bildaufbau**
Eine bekannte Regel zur Platzierung eines Bildmotivs ist die *Drittel-Regel*, eine vereinfachte Umsetzung des Goldenen Schnitts. Die Horizontale und Vertikale des Bildes werden jeweils in drei gleich große Bereiche aufgeteilt. Durch die Teilung entstehen neun Bildbereiche. Ein spannender Bildaufbau ergibt sich, wenn das Hauptmotiv des Bildes in einem der vier Schnittpunkte platziert wird – im Beispiel rechts oben das Auge des Eisvogels.

**Bildausschnitt**
Die Beschränkung auf einen Ausschnitt des Bildmotivs macht ein Bild eventuell interessanter als die Darstellung des kompletten Motivs. Angeschnittene Motive wirken optisch größer und wecken Aufmerksamkeit und Interesse.

**Linien und Perspektive**
Mit Linien in Bildern führen Sie das Auge des Betrachters. Aufeinander zulaufende Linien sorgen für räumliche Tiefe, waagrechte Linien (Horizont) verleihen dem Bild Ruhe. Von links nach rechts aufsteigende Linien verbinden wir mit positiven, umgekehrt verlaufende Linien mit negativen Emotionen.

**Licht und Schatten**
Die Richtung des Lichts bestimmt Licht und Schatten im Motiv. Licht und Schatten beeinflussen die Bildwirkung ganz wesentlich. Die Räumlichkeit einer Aufnahme, aber auch die Bildstimmungen, romantisch, bedrohlich, aufgeregt, ruhig usw., werden durch Licht und Schatten gestaltet.

**Kameraperspektive**
Die Position der Kamera in Bezug zum aufgenommenen Motiv hat einen großen Einfluss darauf, wie wir das Motiv wahrnehmen. Wird ein Motiv von unten aus der *Froschperspektive* fotografiert, wirkt es groß und mächtig, von oben *(Vogelperspektive)* klein und mickrig. Um Personen möglichst neutral erscheinen zu lassen, muss sich die Kamera ungefähr in Augenhöhe befinden.

**Der ungewöhnliche Blick**
Wir sehen täglich unzählige Bilder – nehmen wir sie überhaupt noch wahr? Um sich aus der Masse abzuheben, brauchen Sie ungewöhnliche Motive. Durch eine besondere Perspektive, einen untypischen Bildausschnitt oder eine stimmungsvolle Beleuchtung kann es gelingen, das Auge des Betrachters ans Bild zu fesseln. Das Beispiel rechts unten zeigt einen ungewöhnlichen Bildausschnitt eines Tieres. Um welches Tier handelt es sich?

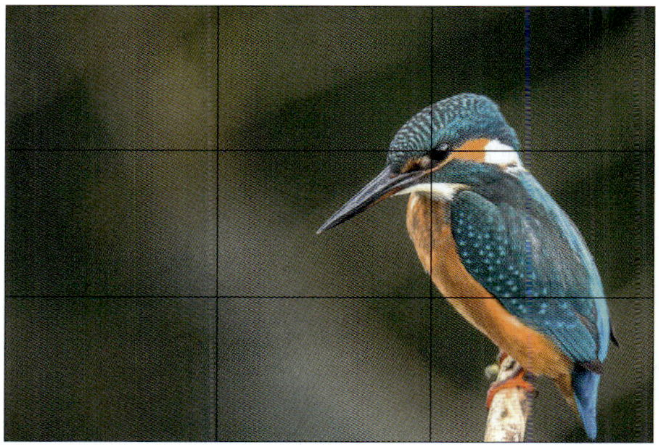

Bildaufbau

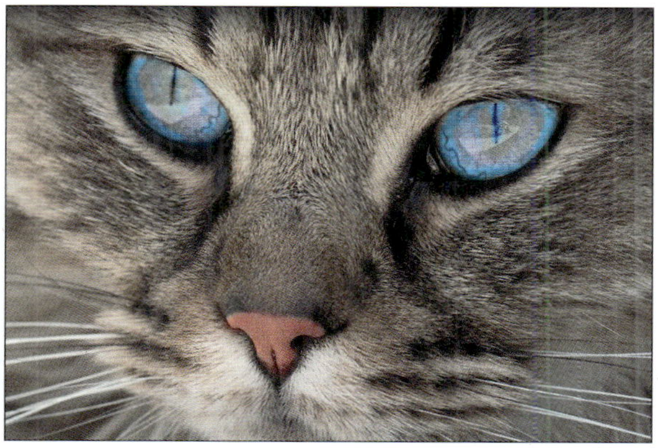

Bildausschnitt

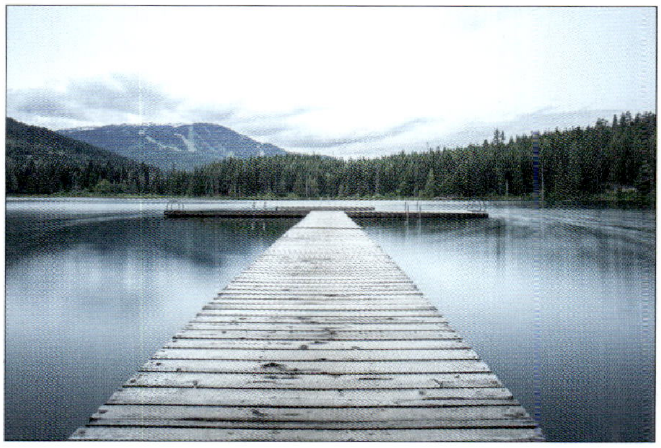

Linien und Perspektive

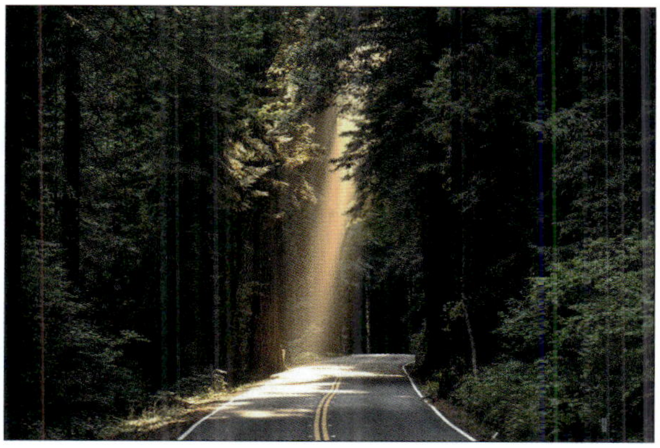

Licht und Schatten

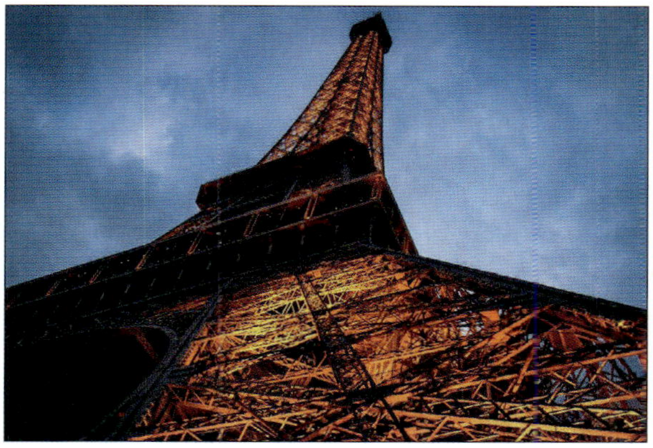

Kameraperspektive

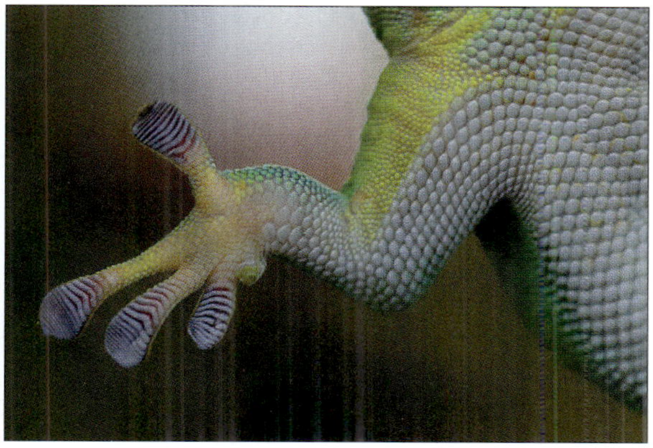

Der ungewöhnliche Blick

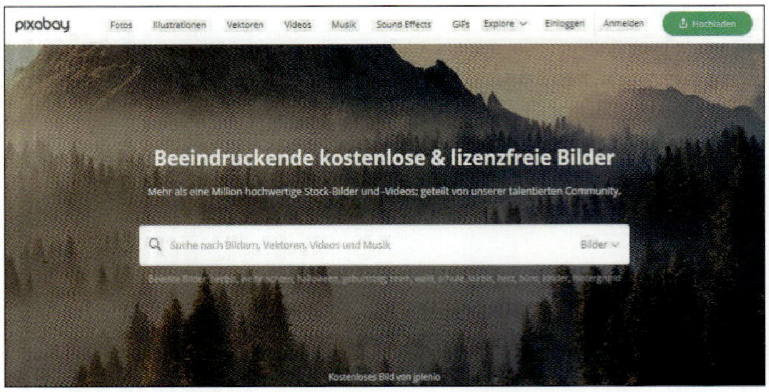


**Bildarchiv**

Pixabay (pixabay.com/de) stellt sämtliche Bilder in der CC0-Lizenz zur Verfügung. Diese gestattet eine uneingeschränkte Nutzung der Bilder.

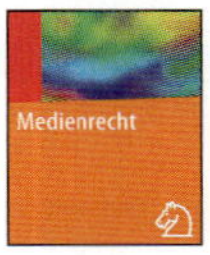


### 3.5.2 Bildrecherche – Bildrechte

Das Web ist weder ein privater noch ein rechtsfreier Raum. Für alles, was Sie auf Ihren Webseiten veröffentlichen, müssen Sie entweder das Urheberrecht oder, wenn Sie nicht der Urheber sind, ein Nutzungsrecht haben. Und selbst wenn Sie der Urheber sind, dürfen Sie ein Foto möglicherweise nicht verwenden, weil eine darauf abgebildete Person ihre Zustimmung geben müsste. Andernfalls drohen ärgerliche und ggf. teure Abmahnungen.

Grundsätzlich haben Sie folgende Möglichkeiten, um an Bilder oder Grafiken für Webseiten zu kommen:

- Ihr Kunde, für den Sie die Website erstellen, verfügt über eigenes Bildmaterial und liefert dieses mit.
- Sie fotografieren selbst. Sind Personen abgebildet, müssen diese der Veröffentlichung im Internet schriftlich zustimmen (Recht am eigenen Bild). Dies gilt nur dann nicht, wenn die Personen zwar auf dem Bild, aber nicht das eigentliche Motiv sind, weil Sie z. B. ein Gebäude fotografieren.
- Sie nutzen Bilder aus Bildarchiven, die eine lizenzfreie Nutzung gestatten, z. B. von *Pixabay* (pixabay.com/de), *Pexels* (pexels.com/de-de/) oder *Unsplash* (unsplash.com). In diesen Archiven stellen Hobbyfotografen ihre Bilder zur Verfügung, teilweise in hoher Qualität. Bilder, die Sie uneingeschränkt nutzen dürfen, besitzen die Lizenz *Creative Commons Zero (CC0)*.
- Sie erwerben eine Nutzungslizenz bei einem Bildarchiv wie *Adobe Stock* (stock.adobe.com/de) oder *Gettyimages* (gettyimages.de).

### 3.5.3 Bildtechnik

Auch als Designer/-in brauchen Sie technisches Know-how, um Ihre Bilder in geeigneter Form für den Einsatz auf Webseiten vorbereiten zu können.

**Bildauflösung**

Jedes digitale Bild besteht aus quadratischen Pixeln. Das Wort Pixel ist ein Kunstwort aus *picture* und *element*. Wenn Sie ein Bild z. B. in Photoshop stark vergrößern, können Sie die einzelnen Pixel erkennen. Das Beispiel zeigt einen Bildausschnitt von 10 x 10 Pixel.

Die Gesamtzahl der Pixel der Bildbreite mal die Gesamtzahl der Pixel der Bildhöhe wird als *Bildauflösung* bezeichnet. Rufen Sie im Menü *Bild > Bildgröße* auf, um die Bildauflösung angezeigt zu bekommen. Im Screenshot rechts oben sehen Sie, dass das Bild der Katze eine Auflösung von 1.890 x 1.417 Pixel (A) hat.

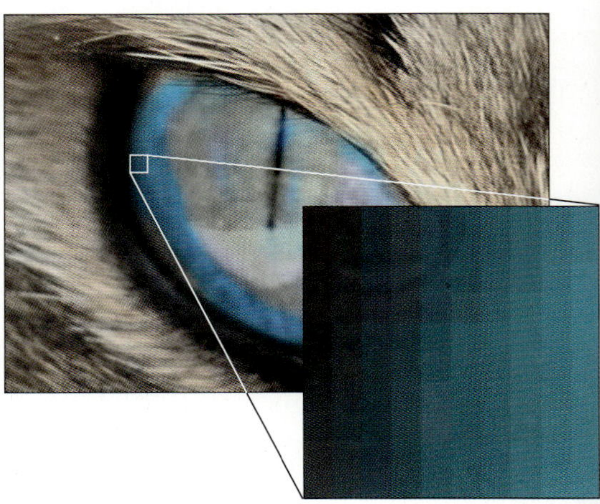

### Pixeldichte

Eine weitere Möglichkeit, die Bildauflösung anzugeben, ist in Form der sogenannten *Pixeldichte*, also der Anzahl an Pixeln pro Längeneinheit (hier: Zoll, englisch: Inch). Das Bild hat also eine Pixeldichte von 300 ppi (Pixel pro Inch) **B**. Worin liegt der Unterschied?

Die Angabe der Pixeldichte in der Einheit ppi ist wichtig, wenn Sie das Bild drucken wollen. Im Screenshot sehen Sie, dass das Bild mit 300 dpi in der Größe 16 x 12 cm gedruckt werden könnte **C**. Für die Verwendung auf Displays ist die Angabe der Auflösung in der Form Breite x Höhe in Pixel sinnvoller, da die Auflösung von Monitoren und Displays ebenfalls in dieser Form angegeben wird (siehe Seite 47).

Nicht nur das Layout, sondern auch die Bilder einer Webseite müssen heute *responsiv* sein, sich also an die Displaygröße anpassen. Dies wird dadurch erreicht, dass die Bildbreite nicht absolut in Pixel, sondern relativ in Prozent angegeben wird. Die CSS-Angabe `width:100%` sorgt dafür, dass sich die Bildbreite immer an die Breite des Browserfensters bzw. Displays anpasst.

Nun unterscheidet sich die Auflösung heutiger Displays massiv. Deshalb stellt sich die Frage, wie groß die Bildauflösung gewählt werden muss, damit das Bild auf allen Displays „funktioniert"? Die naheliegende Vermutung ist: Da sich Bilder ohne Qualitätsverlust verkleinern lassen, eine Vergrößerung aber immer zur Verschlechterung der Bildqualität führt, sollte das Bild an das größte Display angepasst werden. Leider handeln Sie sich dadurch ein neues Problem ein: Die Datenmenge wird (zu) groß.

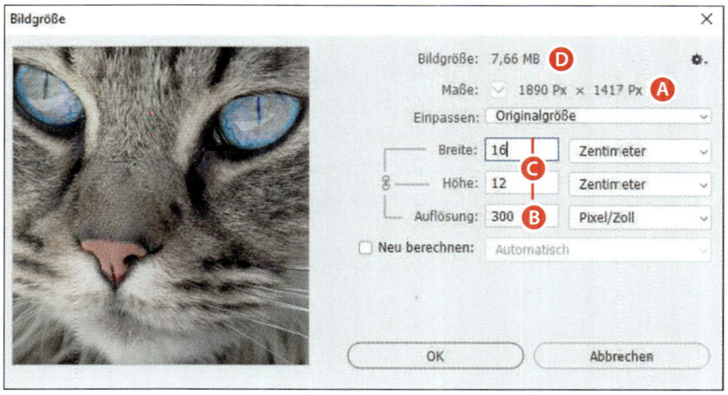


**Bildgröße**

Für Webanwendungen ist die Bildauflösung **A** von Bedeutung. Sie bestimmt, wie groß das Bild auf dem Gerätedisplay dargestellt werden kann.

### Datenmenge

Zur Berechnung der Datenmenge wird neben der Bildbreite und Bildhöhe ein dritter Kennwert benötigt: Die *Farb- oder Datentiefe* definiert die maximale Anzahl an Farben, die das Bild haben kann. Die Einheit der Farbtiefe ist die Speichereinheit Bit.

Da Computer im Zweiersystem (Binärsystem) arbeiten, besteht zwischen der Anzahl an Speicherstellen und der Anzahl an Farben folgender Zusammenhang:

**Farbtiefe und Anzahl an Farben** π

$$\text{Anzahl an Farben} = 2^{\text{Farbtiefe [Bit]}}$$

Beispiel: RGB-Bilder mit einer Farbtiefe von 24 Bit können $2^{24} = 16{,}7$ Mio. Farben speichern. Die Datenmenge eines Bildes lässt sich nun berechnen:

**Datenmenge (unkomprimiert)** π

$$D = B_{px} \times H_{px} \times F \text{ [Bit]}$$

D: Datenmenge in Bit

$B_{px}$: Bildbreite in Pixel

$H_{px}$: Bildhöhe in Pixel

F: Farbtiefe in Bit

Zur Umrechnung in Kilobit [KBit] teilen Sie das Ergebnis durch 1.024. Für Megabit [MBit] teilen Sie nochmals durch 1.024 und Megabyte [MB] erhalten Sie durch abschließende Division durch 8. Als Datenmenge des Katzenbildes ergibt sich somit:

```
1.890 x 1.417 x 24 Bit
               = 64.275.120 Bit
               =   62.768,6 KBit
               =       61,3 MBit
               =        7,66 MB
```

Zu diesem Ergebnis kommt auch Photoshop (siehe **D** auf der vorigen Seite).

Wozu das Ganze? Die Rechnung zeigt, dass bereits ein einziges Bild eine so hohe Datenmenge besitzt, dass seine Verwendung in dieser Form nicht möglich ist. Denn die Internetanbindung wird zwar immer besser, doch sind wir noch weit davon entfernt, dass derart hohe Datenmengen schnell genug übertragen werden könnten. Nehmen wir an, dass Sie über einen Internetzugang von 50 MBit/s[1] verfügen. Selbst bei optimalen Bedingungen würde es über eine Sekunde dauern, bis ein einziges Bild mit 61,3 MBit übertragen ist. Bei mehreren Bildern ergäben sich Ladezeiten von mehreren Sekunden!

Zwei Maßnahmen tragen zu einer Reduktion der Datenmenge bei:

1. Reduktion der Auflösung: Durch Halbierung der Pixel in Breite und Höhe reduziert sich die Datenmenge bereits um 75 %.
2. Bildkompression durch Abspeichern in einem webtauglichen Dateiformat. Hierauf gehen wir im nächsten Kapitel ein.

1 Wir unterschlagen an dieser Stelle, dass bei Datenraten üblicherweise mit Zehnerpotenzen gerechnet wird und M für 1.000.000 steht. Der Unterschied beträgt nur wenige Prozent.

### 3.5.4 Dateiformate

Aktuell gibt es vier Dateiformate für Bilder und Grafiken, die im Web eine Rolle spielen.

**GIF**

GIF (von *Graphics Interchange Format*) ist der „Veteran" der Dateiformate auf Webseiten. Obwohl das neuere PNG-Format GIF in etlichen Punkten überlegen ist, finden sich immer noch sehr viele GIF-Bilder im Internet – die Macht der Gewohnheit. Die Merkmale von GIF-Dateien sind:

- GIF besitzt eine Farbtiefe von bis zu 8 Bit, kann damit maximal 256 Farben darstellen.
- GIF komprimiert die Bilddaten ohne Qualitätsverlust.
- Einzelne Farben können aus der Farbtabelle gelöscht und damit transparent gemacht werden.
- Mit GIF können Sie Animationen nach dem Daumenkino-Effekt erstellen (Animated GIF).

Wegen der Beschränkung auf 256 Farben eignet sich das GIF-Format nur für Vorlagen mit wenigen Farben: Infografiken, Diagramme, Buttons, Logos, Strichzeichnungen, Text als Grafik.

**JP(E)G**

JPEG (oder JPG) – Abkürzung für *Joint Photographic Experts Group* – ist ein auch heute durch Smartphones und Digitalkameras weitverbreitetes Dateiformat. Seine wesentlichen Merkmale sind:

- JPEG-Bilder können bis zu $2^{24}$ = 16,7 Millionen Farben enthalten und besitzen damit den kompletten RGB-Farbumfang.
- Die gewünschte Bildqualität kann beim Abspeichern gewählt werden: Auf diese Weise kann ein Kompro-

miss zwischen möglichst geringer Datenmenge (und damit Ladezeit) und möglichst hoher Qualität gefunden werden.

Aufgrund des vollen Farbumfangs eignet sich JPEG immer dann, wenn Ihre Vorlagen viele Farben enthalten: Fotos, oder andere Bilder mit vielen Farben, z. B. Farbverläufe. Bei scharfen Konturen wie bei Text oder in Grafiken hat das Kompressionsverfahren seine Schwächen und führt zu einem „Verschmieren" der Konturen.

### PNG

PNG (sprich: Ping) steht für *Portable Network Graphics*. PNG wurde als lizenzfreie Alternative zu JPG und GIF entwickelt und wird mittlerweile durch alle Browser unterstützt. Das Format liegt in zwei Versionen vor: PNG-8 und PNG-24.

- *PNG-8* beschränkt die Farbanzahl auf 8 Bit, was 256 ($2^8$) Farben entspricht. Seine Merkmale und Anwendungsmöglichkeiten entsprechen somit denen von GIF-Dateien. Animationen sind mit PNG-8 jedoch nicht möglich.
- *PNG-24* speichert Bilder wie JPEG mit $2^{24}$ = 16,7 Millionen Farben. Im Unterschied zu JPEG komprimiert PNG-24 verlustfrei, zeigt also nicht die JPG-typischen Artefakte (siehe Screenshot). Diesen Vorteil erkaufen Sie sich mit einer höheren Datenmenge. Ein neben der sehr guten Qualität weiterer Vorteil von PNG-24 ist, dass dieses Format – im Unterschied zu GIF – echte Transparenz ermöglicht. Dies unterscheidet PNG von GIF, das nur einzelne Farben transparent machen kann.

Zusammenfassend lässt sich sagen, dass PNG-8 als bessere Alternative zu GIF eingesetzt werden kann, um Grafiken abzuspeichern. PNG-24 liefert qualitativ hochwertige Ergebnisse und ermöglicht echte Freistellungen, reduziert die Datenmenge jedoch wenig.

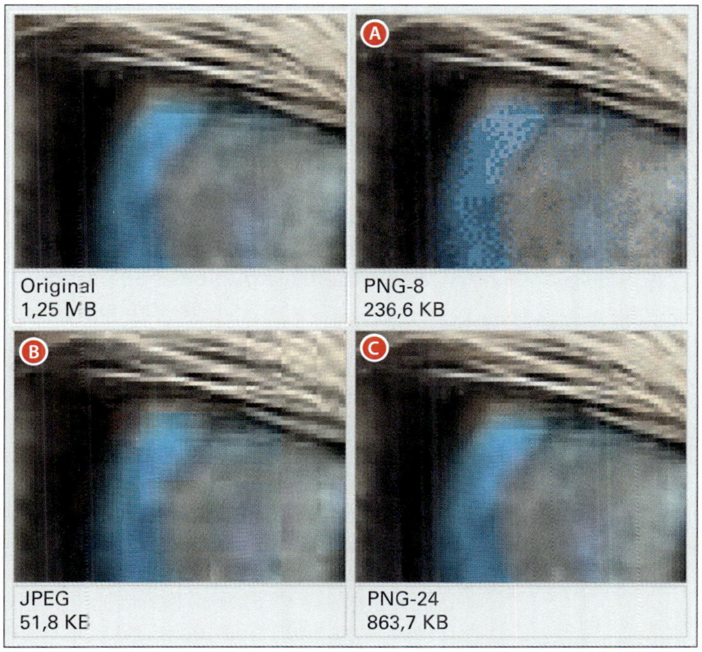


### SVG

Bei SVG *(Scalable Vector Graphic)* handelt es sich im Unterschied zu den drei vorherigen Formaten um ein Format für Vektorgrafiken. Vektorgrafiken speichern den Bildinhalt nicht Pixel für Pixel ab, sondern beschreiben die Elemente der Grafik mathematisch. Ein Kreis ist z. B. durch seinen Mittelpunkt und Radius definiert. Im Unterschied zu Pixelbildern wird eine Vektorgrafik erst beim Öffnen in Pixel umgerechnet. Darüber hinaus besitzen SVG-Dateien folgende Merkmale:

- Vektorgrafiken sind von der Displayauflösung unabhängig, da die Grafik beliebig skalierbar ist. Die Qualität bleibt immer gleich hoch.

**Dateiformate**

In Photoshop oder Illustrator können Sie im Menü *Datei > Exportieren > Für Web speichern...* die Dateiformate vergleichen:

- A PNG-8: Für Fotos ungeeignet, weil max. 256 Farben möglich sind.
- B JPEG, niedrige Qualität: Qualitätsverluste (Quadratbildung), aber sehr geringe Datenmenge
- C PNG-24: Qualität wie Original, aber sehr hohe Datenmenge

**Dateiformate für Bilder und Grafiken**

Zusammenstellung der wichtigsten Merkmale der Dateiformate

| Format | JPEG | GIF | PNG-8 | PNG-24 | SVG |
|---|---|---|---|---|---|
| Vektorformat | nein | nein | nein | nein | ja |
| Farben (max.) | 16,7 Mio. | 256 | 256 | 16,7 Mio. | 16,7 Mio. |
| Qualität | wählbar | hoch | hoch | hoch | hoch |
| Animation | nein | ja | nein | nein | ja |
| Skalierbarkeit | nein | nein | nein | nein | ja |
| Transparenz | nein | (ja) | nein | ja | ja |
| ICC-Profil | ja | nein | nein | nein | nein |
| Anwendung | Fotos | Grafiken | Grafiken | Fotos, freigestellte Bilder | (skalierbare) Grafiken |

- In SVG können Sie Schriften als Pfade abspeichern, so dass der Zeichensatz der Schrift nicht mehr erforderlich ist.
- SVG-Vektorgrafiken können animiert werden.
- SVG kann Pixelbilder einbinden.

SVG-Dateien eignen sich für Grafiken aller Art: Infografiken, Logos, Diagramme, animierte Grafiken, Schrift (als Grafik).

### Bildexport – Making of …

Photoshop und Illustrator ermöglichen das Exportieren von Bildern oder Grafiken für (responsive) Webseiten.

1. Markieren Sie in der Ebenen-Palette alle zu exportierenden Ebenen **A**.
2. Machen Sie einen Rechtsklick und wählen Sie *Exportieren als…*
3. Wählen Sie für jede Ebene das passende Dateiformat **B**.
4. Passen Sie ggf. die Bildgröße **C** an.
5. Klicken Sie auf + **D**, um das Bild in weiteren Auflösungen zu speichern. Mit CSS kann später die Geräteauflösung abgefragt und das passende Bild geladen werden.

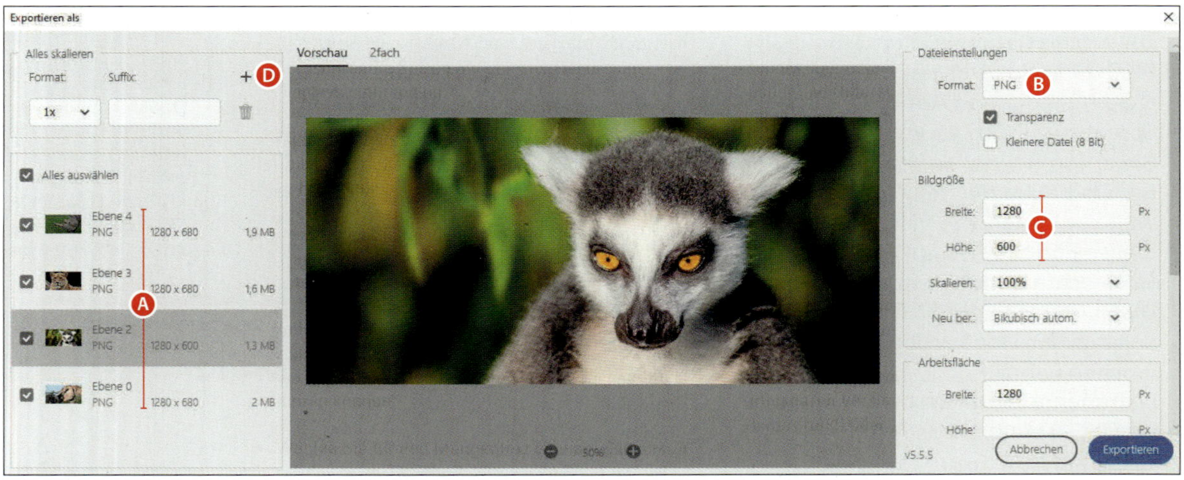


**Bildexport in Photoshop oder Illustrator**

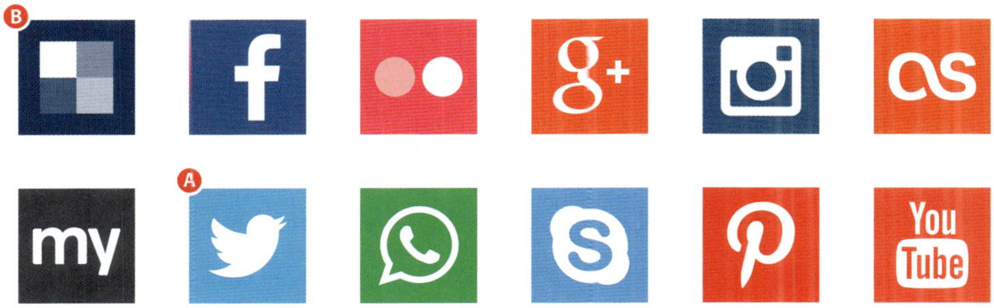


**Icons für Social Bookmarks**

Welche Social Bookmarks kennen Sie, welche nicht? Ist die Bedeutung nicht bekannt, funktioniert das Icon nicht.

### 3.5.5 Icons

Icons sind eine Besonderheit der digitalen Medien, weshalb wir ihnen ein eigenes Kapitel widmen. Dabei sind Icons nichts Neues, denn es gibt sie schon seit der Erfindung der grafischen Benutzeroberfläche für Computer. Alle modernen Betriebssysteme nutzen fast ausschließlich grafische Elemente, die mittels Maus bedient werden – denken Sie an die sogenannte Taskleiste. Die Tastatur wird kaum mehr benötigt.

Durch die massenhafte Verbreitung und Nutzung mobiler Endgeräte, die ausschließlich mit dem Finger bedient werden, haben Icons nochmals an Bedeutung gewonnen.

**Merkmale von Icons**

Ein Icon ist entweder eine stark verkleinerte grafische Darstellung eines realen Objekts (z. B. Vogel bei Twitter A) oder eine frei gestaltete Grafik (z. B. die vier Quadrate bei Delicious B). Im ersten Fall spricht man von einer *ikonischen*, im zweiten von einer *symbolischen* Darstellung. Letztere hat den Nachteil, dass deren Bedeutung durch den Nutzer gelernt werden muss. Auch Buchstaben sind Symbole, deren Bedeutung wir in der Grundschule erlernt haben. Menschen, die eine Sprache mit einem anderen Zeichensatz sprechen, sagen Icons mit Buchstaben überhaupt nichts.

Der Einsatz von Icons ist also nur sinnvoll, wenn sie verständlich, selbsterklärend und intuitiv verwendbar sind. Ihre *Vorteile* im Vergleich zu Text sind:

- Grafische Elemente sind unabhängig von der Landessprache und damit international verständlich.
- Ist die Bedeutung bekannt, sind sie schneller erfassbar als Text.
- Grafische Elemente können auch von Personen erfasst werden, die nicht lesen können, z. B. Kinder, Analphabeten, oder die die Sprache nicht sprechen.
- Grafische Elemente wirken, wenn sie gut gestaltet sind, ansprechend.

Trotz dieser Vorteile birgt die Verwendung grafischer Elemente auch eine Reihe von *Gefahren*:

- Ist die Bedeutung der Grafik nicht bekannt oder unklar, wird die Benutzung zum Ratespiel. Beispiel: Noch immer verwenden manche Programme eine Diskette als Icon für das Speichern einer Datei. Da es schon lange keine Disketten mehr gibt, können viele diesem Icon keine Funktion zuordnen.
- Die symbolische Bedeutung einer Grafik kann sich international durchaus unterscheiden. Bestes Beispiel ist der Rechtspfeil: In unserem

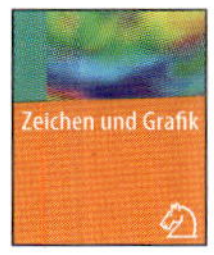


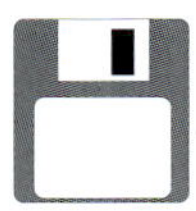

**Was ist das?**

**Zurück oder vor?**

Kulturraum wird dieser – bedingt durch die Leserichtung von links nach rechts – als „weiter" oder „vorwärts" interpretiert. In arabischen Ländern mit umgekehrter Leserichtung hat der Rechtspfeil die Bedeutung „zurück" oder „rückwärts". In China muss ein Vorwärtspfeil nach unten zeigen.

### Metaphern

Die Grundidee aller grafischen Benutzeroberflächen besteht darin, den Bildschirm als virtuellen Schreibtisch zu betrachten, daher ja auch der – mittlerweile etwas veraltete – Begriff DTP (Desktop-Publishing).

Der Begriff „Schreibtisch" erhält am Computer eine neue Bedeutung oder besser gesagt: Die Bedeutung des Begriffes „Schreibtisch" wird auf den Computer übertragen. Die Übertragung der Bedeutung eines Begriffes wird als *Metapher* bezeichnet, denken Sie beispielsweise an Wolkenkratzer für Hochhaus, Wüstenschiff für Kamel oder Nussschale für ein kleines Boot.

Nach Einführung der Schreibtisch-Metapher ist es ein Leichtes, weitere Metaphern zu finden, z. B.

- Briefumschlag für E-Mails,
- Blatt mit Eselsohr (auch dieser Begriff ist eine Metapher) für Dateien,
- Lupe für die Suchfunktion,
- Papierkorb für das Löschen von Dateien.

In der Grafik unten sind Windows-Icons dargestellt, die alle in einem Bezug zur Schreibtisch-Metapher stehen.

Den intuitiven Umgang mit Metaphern können Sie sich beim Entwurf von Icons zunutze machen, denn auch im Bereich des Webdesigns sind viele Bildmetaphern eingeführt, die keiner weiteren Erklärung mehr bedürfen.

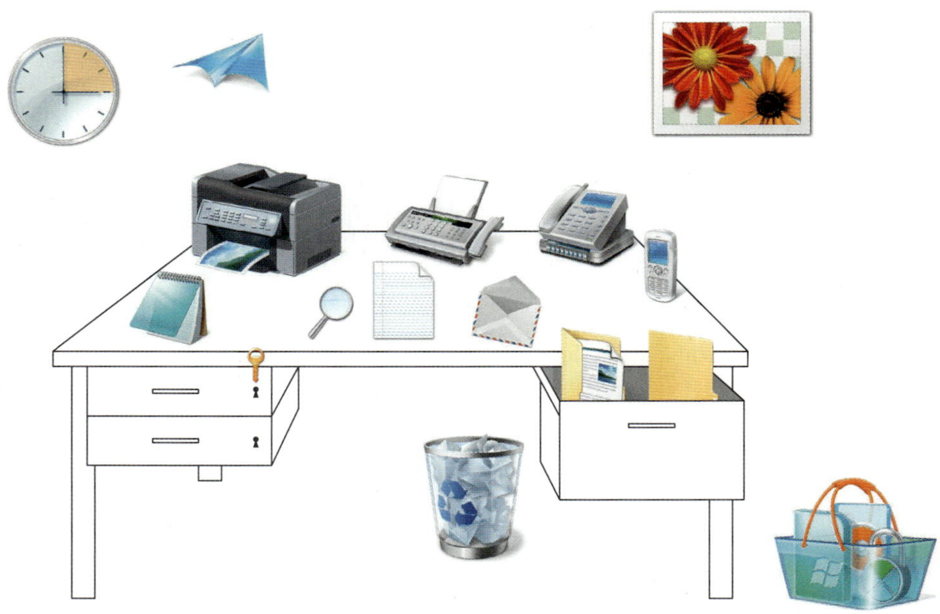

**Metaphern**

Metaphern ordnen Begriffen eine neue Bedeutung zu. Die Grafik zeigt Windows-Icons rund um die Schreibtisch-Metapher.

**Icons bei iOS**

Apple macht strenge Vorgaben für den Entwurf von Icons. Das Ergebnis ist eine durchgängig ästhetische Formsprache und Farbgestaltung.

**Iconserien**

Wie immer unterliegt auch die Gestaltung von Icons dem Zeitgeist: Die Icons der Betriebssysteme macOS bzw. Windows sind aktuell dreidimensional und relativ detailliert, während Apps, z. B. bei iOS oder Android, sehr schlicht und reduziert sind.

Da Icons normalerweise als Serie benötigt werden oder Sie ein neues Icon in eine bestehende Serie einfügen müssen, ist es wichtig, dass diese Serie eine einheitliche Formsprache und Farbgestaltung besitzt. Apple hat strenge „Developer Guidelines" für App-Entwickler, hier ein Auszug aus den Vorgaben für Icons[2]:

- Embrace simplicity.
- Create a design that works well on multiple platforms.
- Prefer including text only when it's an essential part of your experience or brand.
- Prefer graphical images to photos.
- Design your icon as a full-bleed square image.
- ...

Apple legt großen Wert auf eine durchgängige Gestaltung seiner Icons, so dass diese sofort als iOS-Icons erkannt werden.

In der Tabelle sind wichtige Grundregeln zusammengestellt, die Sie beim Entwurf eigener Icons bzw. Iconserien beachten sollten.

**Checkliste Icondesign**

- Icons können fotorealistisch oder stark abstrahiert sein. Achten Sie jedoch auf eine durchgängige Gestaltung, bei der alle Icons der Serie eine einheitliche Formsprache und Farbgestaltung aufweisen.
- Die Bedeutung (Funktion) des Icons muss eindeutig und sofort erkennbar sein. Dies gilt auch dann, wenn es eine metaphorische Bedeutung besitzt.
- Bei mehrsprachigen Websites muss die internationale Verständlichkeit berücksichtigt werden. Ein „rotes Kreuz" steht nicht überall für Hilfe, ein Rechtspfeil nicht überall für vorwärts.
- Achten Sie darauf, dass Icons trotz stark verkleinerter Darstellung eindeutig erkennbar sein müssen. Verzichten Sie auf alle unnötigen Details.
- Ergänzen Sie zusätzlich Text, wenn die Bedeutung eines Icons erst erlernt werden muss. Eine weitere Möglichkeit ist, dass der Text erst bei Berührung des Icons eingeblendet wird (ein sogenannter *Tooltipp)*.

2 https://developer.apple.com/ios/human-interface-guidelines/graphics/app-icon/ (Zugriff: 22.10.2022).

## 3.6 Aufgaben

### 1 Pixeldichte berechnen

Ein 24"-Monitor hat eine Auflösung von 2.560 x 1.440 Pixeln. Berechnen Sie die Pixeldichte in ppi.

### 2 Layouttypen kennen

Definieren Sie in einem Satz:

a. Fixes Layout

b. Fließendes Layout

c. Adaptives Layout

### 3 Fachbegriffe unterscheiden

Definieren Sie in einem Satz:

Wireframe:

Style Tile:

Protoyp (Mockup)

### 4 Webauftritt für mobile Geräte umsetzen

Ein Kunde will seinen Webauftritt an mobile Endgeräte anpassen.

a. Erklären Sie ihm den Begriff „responsives Webdesign".

b. Alternativ zu einem responsiven Design könnte auch ein zweiter Webauftritt für mobile Endgeräte erstellt werden. Nennen Sie ein Argument, das für, und eines, das gegen diese Vorgehensweise spricht:

Für:

Gegen:

## 5 Farbdarstellung auf Displays beurteilen

Zählen Sie vier Gründe auf, weshalb Displays zur verbindlichen Wiedergabe von Farben nicht geeignet sind.

1.

2.

3.

4.

## 6 Farben für Web- und Printdesign wählen

a. Erklären Sie, weshalb sich die Farbdarstellung auf Displays von gedruckten Farben unterscheidet.

b. Welche Maßnahme muss getroffen werden, wenn die gewählten Farben auf Displays und im Druck so ähnlich wie möglich sein sollen?

## 7 Farbkontraste kennen und anwenden

a. Zählen Sie fünf Farbkontraste auf.

1.

2.

3.

4.

5.

b. Formulieren Sie drei Regeln zur Auswahl von Text- und Hintergrundfarbe.

1.

2.

3.

## 8 Farbe gezielt einsetzen

a. Finden Sie drei Alltagsbeispiele, bei denen die Leit- oder Signalwirkung von Farbe gezielt eingesetzt wird.

1.

2.

3.

b. Wozu kann die Leitfunktion von Farbe auf Webseiten genutzt werden? Geben Sie drei Beispiele.

1.

2.

3.

### 9 Bilddateiformat wählen

Geben Sie ein Dateiformat an für:

a. Farbfoto
b. Logo
c. Freisteller
d. Animation
e. Text als Grafik
f. Zweifarbiger Button

### 10 Bildausschnitt wählen

Legen Sie durch Zeichnen eines Rahmens einen Bildausschnitt fest. Beachten Sie:

- Das Hauptmotiv soll nach der Drittel-Regel platziert werden.
- Das Seitenverhältnis soll erhalten bleiben.

### 11 Bilddatenmenge berechnen

Berechnen Sie die Datenmenge in MB eines (unkomprimierten) RGB-Bildes im Format 1.920 x 1.280 Pixel.

### 12 Schriften wählen

a. Begründen Sie, weshalb sich viele Druckschriften auf Displays nicht eignen.

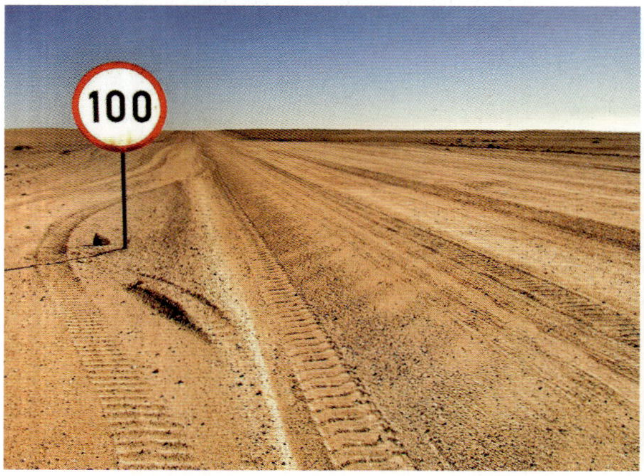


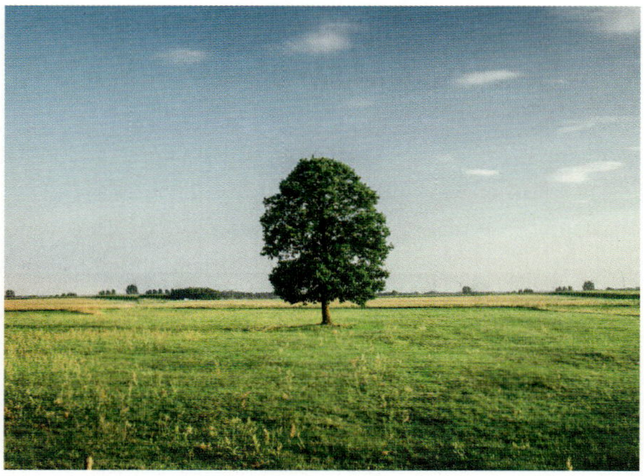

b. Definieren Sie den Begriff Systemschrift.

c. Zählen Sie drei Systemschriften auf, die unter macOS und Windows vorhanden sind.

1.

2.

3.

d. Nennen Sie zwei Möglichkeiten, wie Schriften verwendet werden können, die keine Systemschriften sind.

1.

2.

## 13 Texte gestalten

Formulieren Sie vier Regeln zur Textgestaltung auf Webseiten.

1.

2.

3.

4.

## 14 Icons verwenden

a. Formulieren Sie drei Forderungen an die Gestaltung von Icons.

1.

2.

3.

b. Erklären Sie den Begriff „Metapher" anhand eines Beispiels.

c. Nennen Sie fünf Metaphern, die im Computerbereich verwendet werden.

1.

2.

3.

4.

5.

## 15 Icons entwerfen

Entwerfen Sie in Illustrator eine Iconserie zu folgenden Begriffen:

- Kontakt/Mail
- Hilfe
- Speichern
- Warenkorb

Hinweis: Achten Sie auf eine reduzierte, stilisierte und abstrahierte Darstellung, die auch bei starker Verkleinerung auf z. B. 64 x 64 Pixel noch erkennbar ist.

## 4.1 Lösungen

### 4.1.1 Einführung

**1 Webdesign erklären**

a. Webseiten sind
   - verlinkt,
   - interaktiv und
   - multimedial.

b. Maßgeblich sind die rasanten Veränderungen des Internets:
   - Immer mehr Geräte (Smartphones, Tablets, Fernseher usw.) erhalten einen Internetzugang, dies stellt neue Anforderungen an Layout und Design.
   - Die Nutzer erwarten aktuelle, multimediale, interaktive und interessante Angebote.
   - Immer mehr Software wird in Form von Apps zur Verfügung gestellt.

**2 Responsive Webdesign definieren**

a. Responsive Webdesign passt sich bzgl. Layout und Inhalt an das jeweilige Endgerät an.
b. Internet der Dinge bezeichnet die Möglichkeit, dass immer mehr Gegenstände und Geräte einen Internetzugang erhalten.
c. Semantic Web meint, dass Benutzereingaben, z. B. Fragen, immer besser durch Software verstanden werden.

**3 Webdesign erklären**

Design und Technik sind eng miteinander verknüpft. Webdesigner/-innen müssen sich in technischen Fragen wie Auflösung, Formate, Datenmenge, Dateiformate auskennen, damit sie Entwürfe machen, die sich für das jeweilige Endgerät umsetzen lassen.

**4 Web- und Printdesign gegenüberstellen**

Die Lösung zu den Aufgaben a bis h finden Sie in der Tabelle auf Seite 7.

**5 Vorteile digitaler Medien kennen**

- Weltweite Verfügbarkeit
- Ständige Verfügbarkeit durch mobile Endgeräte
- Geringere Kosten
- Aktualisierung problemlos möglich
- Modernes, zeitgemäßes Medium
- Multimediale Inhalte
- Zahlreiche Möglichkeiten zur Interaktion
- Einfache Anpassung an unterschiedliche Zielgruppen, z. B. Schriftgröße

**6 Entwicklung der Printmedien beurteilen**

Individuelle Lösung, da persönliche Meinung

### 4.1.2 Interfacedesign

**1 Fachbegriffe kennen**

a. Interaktivität:
   Möglichkeiten der Nutzer, mit dem Produkt in Aktion zu treten. Beispiele sind: Formulare, Foren, Chats, Wikis.
b. (Benutzer-)Interface:
   Schnittstelle zwischen Produkt und Nutzer, in der Regel in Form einer grafischen Oberfläche.
c. Accessibility:
   Zugänglichkeit zu Webanwendungen für Menschen mit Einschränkungen oder Behinderungen
d. Usability:
   Benutzerfreundlichkeit eines digitalen Produktes, die sich durch eine nachvollziehbare Navigation sowie


P. Bühler et al., *Webdesign*, Bibliothek der Mediengestaltung,
https://doi.org/10.1007/978-3-662-66665-4

eine gut gestaltete Benutzeroberfläche erzielen lässt.

### 2 Trennung von Content und Design verstehen

- Content (Inhalt) und Design können unabhängig voneinander erstellt und bearbeitet werden, z. B. durch Programmierer und Webdesigner.
- Der Content lässt sich dynamisch verwalten, z. B. per Content-Management-System.
- Für den Content können mehrere Designs erstellt werden, z. B. zur Ausgabe auf Monitoren, Handydisplays und für den Druck.
- Nachträgliche Änderungen am Design sind unabhängig vom Content möglich.
- Der Content kann vom Anbieter gepflegt werden, ohne dass er gestalterisches Know-how braucht.

### 3 Zielgruppen ermitteln

- Wenig Text
- Ausreichend große und lesefreundliche Schrift
- Farbenfrohe, kontrastreiche Gestaltung
- Einfache und klare Benutzerführung, bevorzugt mittels grafischer Navigationselemente
- „Hilfsfunktionen" zur Erleichterung der Navigation, z. B. Hilfe-Button oder sprachliche Kommentare
- Ausreichende Größe der Navigationselemente
- Multimediale Elemente wie Animationen oder Videos

### 4 Benutzerfreundliche Seiten gestalten

a. Usability
b. Kriterien:

- Zielgruppengerechtes Design
- Logische und klare Benutzerführung
- Aktualität der Inhalte
- Gute Performance mit allen Browsern, Betriebssystemen und Endgeräten
- Interaktionsmöglichkeiten mit dem Anbieter
- Barrierefreier Zugang
- Orientierungshilfen für die Nutzer, z. B. Sitemap, Breadcrumb-Navigation

### 5 Usability testen

- Fragebögen
- Interviews
- Mouse- oder Eye-Tracking
- Cognitive Walkthrough
- „Lautes Denken"
- Videobeobachtung

### 6 Navigationsstrukturen unterscheiden

- Einfache, selbsterklärende Benutzerführung
- Struktur ist vom Fachbuch bekannt
- Gute Möglichkeit der Gliederung von Informationen
- Guter Kompromiss zwischen strikter Benutzerführung (lineare Struktur) und völliger Navigationsfreiheit (Netzstruktur)
- Hohe Flexibilität und Erweiterbarkeit

### 7 Navigationsstruktur entwerfen

Die Lösung finden Sie in der Checkliste auf Seite 23.

### 8 Touchscreens kennen

- Antippen (Touch)
- Doppeltes Tippen (Double Touch)
- Senkrechtes Ziehen (Scroll)

- Horizontales Ziehen (Swipe)
- Finger spreizen (Pinch)

### 9 Navigationselemente für mobile Endgeräte unterscheiden

a. und b.

- Icons: Grafiken helfen Nutzern, die nicht lesen können
- Balken: einfach zu realisieren und zu bedienen
- Menü: große Anzahl an Unterpunkten möglich
- Reiter: Navigation bleibt sichtbar, kein Homebutton erforderlich
- Karussell: gut bedienbar durch Wischen mit Finger

### 10 Navigationsstrukturen recherchieren

Praktische Aufgabe ohne Lösung

### 11 Interaktive Webseiten realisieren

a. Unter „Interaktivität" versteht man die Möglichkeit der Kommunikation zwischen Anwender und Anbieter einer Website.

b. Möglichkeiten der Interaktion:
   - E-Mail-Link
   - Formular
   - Forum
   - Gästebuch
   - (Video-)Chat
   - Suchfeld

### 12 Navigationshilfen realisieren

- Anzeige des aktuellen Navigationspfades (Breadcrumb-Navigation)
- Eingabefeld für Suchbegriffe
- Realisierung einer Sitemap
- Farbführung
- Visuelle Rückmeldung beim Anklicken oder -tippen einer Schaltfläche

### 13 Barrierefreiheit definieren

a. Barrierefreie Webseiten ermöglichen Menschen mit Einschränkungen den Zugang zum Web und die Nutzung.

b. Mögliche Einschränkungen:
   - Sehen:
     Blindheit, Farbenblindheit, eingeschränkte Sehfähigkeit
   - Hören:
     Taubheit, Schwerhörigkeit
   - Motorisch:
     Parkinson, Lähmung, Spastik
   - Geistig:
     Demenz, funktionaler Analphabetismus

c. Forderungen bei Barrierefreiheit:
   - Design und Inhalt strikt trennen
   - Navigationsmöglichkeit per Tastatur ermöglichen
   - Alternativtexte bei Bildern ergänzen
   - HTML-Tags zur semantischen (inhaltlichen) Gliederung einsetzen
   - Nur CSS zur Formatierung der Webseite verwenden
   - Farben so wählen, dass die Webseite auch für Fehlsichtige bedienbar ist
   - Sprachliche Besonderheiten wie Abkürzungen kenntlich machen

### 14 Leichte Sprache verwenden

a. Anforderungen an Leichte Sprache:
   - Keine Abkürzungen
   - Auf Fremdwörter verzichten
   - Verständliche Verben verwenden
   - Lange Substantive mit Bindestrich gliedern
   - Kurze Sätze bilden
   - Inhalt vereinfachen
   - Große Zahlen vermeiden

b. Mögliche Lösung:
   *Wir sind eine Berufs-Schule.*
   *Wir haben sehr viele Schüler.*

*Unsere Schüler lernen einen Beruf.*
*Sie werden zum Beispiel Bäcker.*
*Oder Zahn-Techniker.*
*Jeder Schüler geht auch in einen Betrieb.*
*Manche Betriebe sind weit weg von der Schule.*

**15 Navigationsstruktur entwerfen**

a. Zielgruppe Sportverein:
   - Männlich und weiblich
   - Alle Altersgruppen können vertreten sein
   - Familien und Singles
   - Wohnort in der Nähe des Vereins
   - Alle Schul- und Berufsabschlüsse möglich
   - Geringes, mittleres, hohes Einkommen
   - Sportlich, aktiv, gesundheitsbewusst, sozial engagiert
   - ...

b. Baumstruktur:
   Die einzelnen Screens lassen sich in sinnvoller Weise horizontal und vertikal strukturieren.

c. Lösungsvorschlag (es sind jedoch auch andere Lösungen möglich):

### 4.1.3 Screendesign

**1 Pixeldichte berechnen**

Diagonale:

$$c = \sqrt{a^2 + b^2} = \sqrt{2560^2 + 1440^2} = 2937 \text{ px}$$

Pixeldichte:
2937 px / 24 Inch = 122 ppi

**2 Layouttypen kennen**

a. Ein fixes Layout verändert sich nicht, sieht also immer gleich aus.
b. Ein fließendes Layout passt sich an die Breite (und ggf. Höhe) des Viewports an.
c. Ein adaptives Layout unterscheidet sich in Abhängigkeit vom Viewport.

**3 Fachbegriffe unterscheiden**

- Ein Wireframe zeigt die Konturen des Layouts ohne den späteren Content.
- Im Style Tile sind die Schriften, Farben und ggf. grafischen Elemente des Screendesigns festgelegt.

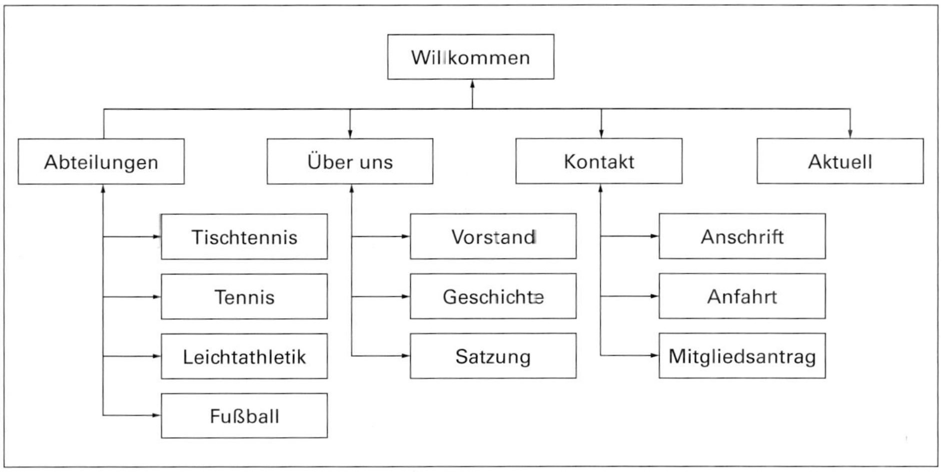

- Ein Prototyp oder Mockup ist eine funktionsfähige Demoversion der Website.

**4 Webauftritt für mobile Geräte umsetzen**

a. Responsives Webdesign sorgt dafür, dass eine Webanwendung an die unterschiedlichen Endgeräte angepasst wird.
b. Für: Der Umbau eines vorhandenen Webauftritts ist schwierig und dauert ggf. länger.
Gegen: Der Content muss parallel für zwei Webauftritte gepflegt werden.

**5 Farbdarstellung auf Displays beurteilen**

1. Unterschiedliche Farbräume
2. Farbdarstellung hängt vom Alter des Displays ab
3. Unterschiedlicher Lichteinfall
4. Blickwinkelabhängigkeit
5. Unterschiedliche Helligkeitseinstellung
6. Unterschiedliche Farbtemperatur

**6 Farben für Web- und Printdesign wählen**

a. Die RGB-Farbräume von Displays unterscheiden sich deutlich von den CMYK-Farbräumen im Druck.

b. Farben müssen aus der Schnittmenge beider Farbräume gewählt werden.

**7 Farbkontraste kennen und anwenden**

a. Farbkontraste (nach Itten):
   - Simultankontrast
   - Komplementärkontrast
   - Warm-kalt-Kontrast
   - Hell-Dunkel-Kontrast
   - Quantitätskontrast
   - Qualitätskontrast
   - Farbe-an-sich-Kontrast

b. Regeln (siehe Seite 71):
   - Ausreichend großer Kontrast
   - Dunkle Text- und helle Hintergrundfarbe (Hell-Dunkel-Kontrast)
   - Keine Komplementärkontraste
   - Zielgruppe beachten
   - Farbfehlsichtigkeit beachten
   - Negative Schrift nur bei geringer Textmenge

**8 Farbe gezielt einsetzen**

a. Verkehrsampel, Verkehrschilder, Blaulicht, Piktogramme, z. B. Fluchtweg
b. Leitfunktion auf Webseiten:
   - Hervorhebung, z. B. Links
   - Bezug zum Content, z.B. Nachrichten in Blau
   - Blickführung, z. B. farbige Buttons
   - Bezug zum Produkt, zur Firma

**9 Bilddateiformat wählen**

| | |
|---|---|
| a. Farbfoto: | JPG |
| b. Logo: | SVG |
| c. Freisteller: | PNG-24 |
| d. Animation: | GIF |
| e. Text als Grafik: | SVG, PNG-24 |
| f. Zweifarbiger Button: | PNG-8 |

**10 Bildausschnitt wählen**

Das Hauptmotiv (Schild, Baum) befindet sich im Schnittpunkt einer horizontalen und vertikalen Linie.

Einen Lösungsvorschlag sehen Sie rechts oben. Natürlich sind auch andere Lösungen denkbar.

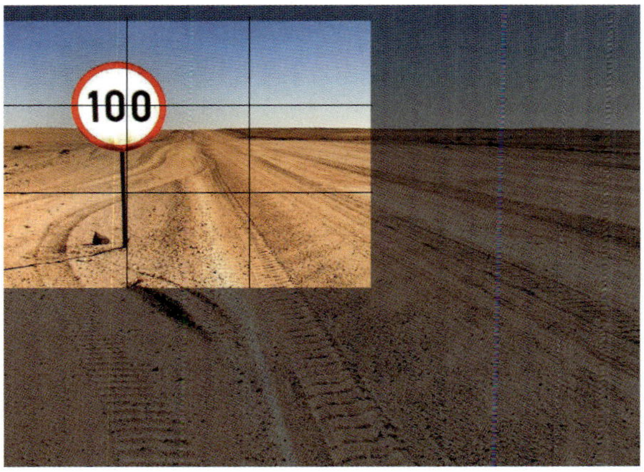


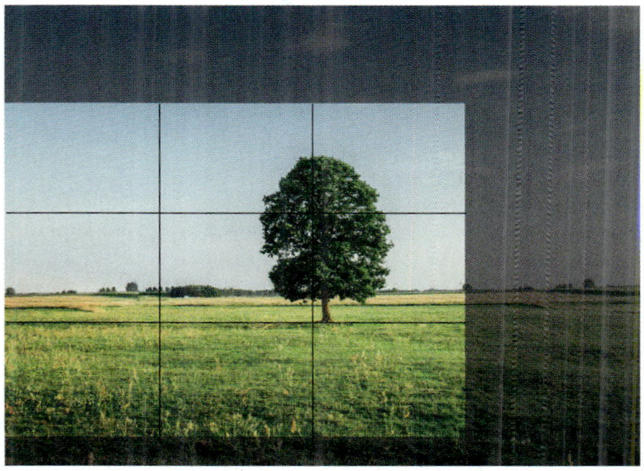

### 11 Bilddatenmenge berechnen

$$
\begin{aligned}
D &= 1.920 \times 1.280 \times 24\,\text{Bit} \\
&= 58.982.400\,\text{Bit} && |\ :8 \\
&= 7.373.800\,\text{Byte} && |\ :1024 \\
&= 7.200\,\text{KB} && |\ :1024 \\
&= 7{,}0\,\text{MB}
\end{aligned}
$$

### 12 Schriften wählen

a. Druckschriften sind an das relativ grobe Pixelraster vieler Displays nicht optimal angepasst.
b. Schriften, die mit dem Betriebssystem installiert werden.
c. Arial, Trebuchet, Verdana, Lucida
d. Webfonts verwenden oder Schrift als Grafik speichern.

### 13 Texte gestalten

1. Zeilenlänge beachten, max. 60 Zeichen/Zeile
2. Text gliedern, auch mit Leerzeilen
3. Relative Einheiten für Schriftgrößen
4. Keine kursive Auszeichnung, sondern fett oder farbig
5. Längere Texte durch Teaser einleiten
6. Längere Texte auch in Druckversion bereitstellen

### 14 Icons verwenden

a. Icondesign:
   - Einheitliche Formsprache und Farbgebung
   - International verständlich
   - Klar erkennbare Bedeutung
   - Reduzierte, abstrahierte Darstellung bei Grafiken

b. Übertragung der wörtlichen Bedeutung auf einen neuen Begriff, z. B. Rabeneltern, Warteschlange.

c.

| | |
|---|---|
| Papierkorb: | Datei löschen |
| Haus: | Homepage |
| Lupe: | Suchfunktion |
| Ordner: | Dateisammlung |
| Schloss: | Verschlüsselung |
| Blatt: | Datei |

### 15 Icons entwerfen

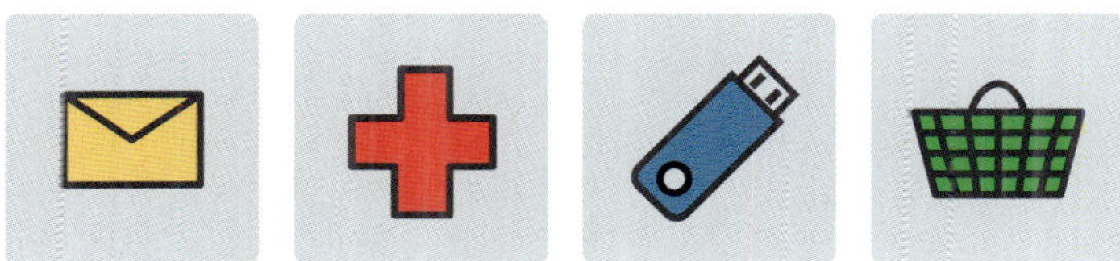

## 4.2 Links und Literatur

### Links

Adobe Color
color.adobe.com/de

Barrierefreies Webdesign
barrierefreies-webdesign.de
pro-retina.de
leichte-sprache.org

Bilder-Generator
dummyimage.com

Blindtext-Generator
blindtextgenerator.de

Bildarchive
gettyimages.de
stock.adobe.com/de
pixabay.com/de
pexels.com/de-de/
unsplash.com

Single-Page-Design
onepagelove.com

Style Tile (Photoshop-Vorlage)
styletil.es

Wireframe- und Prototyping-Tools
testingtime.com/blog/11-ux-design-und-proto-typing-tools-2022/
wireframe.cc

Webfonts
fonts.google.com
fontshop.com/webfonts
fonts.adobe.com

### Literatur


Peter Bühler et al.
HTML5 und CSS3 (2. Auflage)
Bibliothek der Mediengestaltung
Springer Vieweg 2023

Peter Bühler et al.
Typografie
Bibliothek der Mediengestaltung
Springer Vieweg 2017
ISBN-13: 978-3662539118

Peter Bühler et al.
Digitalmedien-Projekte: Briefing – Planung – Produktion, Bibliothek der Mediengestaltung
Springer Vieweg 2021
ISBN-13: 978-3658313777

Björn Rohles et al.
Mediengestaltung – Der Ausbildungsbegleiter
Rheinwerk Design 2018
ISBN-13: 978-3836245531

## 4.3 Abbildungen

S3, 1: https://stuffandnonsense.co.uk/ (Zugriff: 02.09.2022)
S4, 1, 2: www.sxc.hu/Peter Suneson, Wikipedia (Fliege) (Zugriff: 02.09.2022)
S5, 1: Autoren
S10, 1: https://de.jura.com (Zugriff: 26.08.2016)
S10, 2: https://de.jura.com/de/produkte-haushalt/kaffeevollautomaten/Z6-Alu-EU-15129 (Zugriff: 26.08.2016)
S11, 1: Autoren
S12, 1: Autoren
S13, 1: https://wordpress.com/de/ (Zugriff: 27.11.2022)
S14, 1, 2: https://dr-best.de/zahnbuersten/zahnbuersten-erwachsene/x-zwischenzahn.html (Zugriff: 31.08.2016)
S15, 1: Interface Consult, www.usability.at
S16, 1a, b: Interface Consult, www.usability.at
S17, 1: wdrmaus.de/ (Zugriff: 01.12.2022)
S17, 2: malteser.de/seniorentreff.html (Zugriff: 01.12.2022)
S18, 1: Autoren
S19, 1: Autoren
S20, 1: Autoren
S20, 2: onepagelove.com (Zugriff: 07.11.2022)
S21, 1: Autoren
S21, 2: google.de (Zugriff: 07.11.2022)
S22, 1, 2: Autoren
S23, 2: badische-zeitung.de (Zugriff: 15.09.2022)
S24, 1: wwf.de (Zugriff: 15.09.2022)
S26, 1: bmw.de (Zugriff: 11.10.2022)
S27, 1: Autoren
S28, 1a, b, c: chefkoch.de, breuninger.de, amazon.de (Zugriff: 01.09.2022)
S29, 1: Autoren
S29, 2: google.de (Zugriff: 07.11.2022)
S30, 1: de.tommy.com (Zugriff: 07.11.2022)
S31, 1: Autoren, Logos der Social-Media-Anbieter (Zugriff: 12.10.2022)
S32, 1: Autoren, Logos der Social-Media-Anbieter (Zugriff: 12.10.2022)
S33, 1a, b: Autoren
S34, 1: pixabay.com/de/barrierefrei-schild-zugang-1138387/ (Zugriff: 31.08.2016)
S34, 2: bik-fuer-alle.de (Zugriff: 05.11.2022)
S37, 1: de.wikipedia.org/wiki/Ishihara-Farbtafel (Zugriff: 17.10.2022), bearbeitet in Photoshop
S38, 1: de.wikipedia.org/wiki/Ishihara-Farbtafel (Zugriff: 17.10.2022), bearbeitet in Photoshop
S39, 1, 2, 3: bundestag.de (Zugriff: 12.11.2022)
S46, 1: Autoren
S47, 1: Autoren
S48, 1: Autoren
S49, 1a, b, c: Autoren
S50, 1a, b, c: Autoren
S50, 2a, b, c: Autoren
S51, 1a–e: Autoren
S52, 1a, b, c: audi.de (Zugriff: 19.11.2022)
S52, 2a, b, c: ikea.de (Zugriff: 19.11.2022)
S54, alle: Autoren
S55, 1: wireframe.cc (Zugriff: 02.12.2022)
S56, 1: styletil.es (Zugriff: 02.12.2022), Content: Autoren
S57, 1: Screenshot: Adobe XD
S58, 1: Screenshot: Adobe XD, Tierfoto: pixabay.com (Zugriff: 10.11.2022)
S59, 1: Screenshot: Adobe XD, Tierfotos: pixabay.com (Zugriff: 10.11.2022)
S60, 1: Screenshot: Adobe XD, Tierfotos: pixabay.com (Zugriff: 10.11.2022)
S61, 1: Screenshot: Adobe XD, Tierfotos: pixabay.com (Zugriff: 10.11.2022)
S62, 1: Autoren
S63, 1: Autoren
S64, 1: fonts.google.com (Zugriff: 25.11.2022)
S65, 1: Screenshot: Adobe Photoshop
S67, 1a, 1b: Autoren
S68, 1a: Screenshot: Adobe Photoshop
S68, 1b: Autoren
S69, 1: Screenshot: Adobe Photoshop
S70, 1a, b: Autoren
S72, 1: coca-cola.de (Zugriff: 04.12.2022)
S72, 2: wwf.de (Zugriff: 04.12.2022)
S72, 3: daserste.de (Zugriff: 04.12.2022)
S73, 1: adidas.de (Zugriff: 20.11.2022)
S73, 2: apple.com/de (Zugriff: 20.11.2022)
S73, 3: mercedes-benz.de (Zugriff: 20.11.2022)
S74, 1 : Autoren
S75, 1, 2, 3: Autoren
S75, 4: color.adobe.com/de (Zugriff: 25.11.2022)

S77, alle: pixabay.com/de und pexels.com/de-de (Zugriff: 28.11.2022)
S78, 1: pixabay.com/de (Zugriff: 05.12.2022)
S78, 2: (Foto) pexels.com/de-de (Zugriff: 05.12.2022)
S79, 1: Screenshot: Adobe Photoshop, Foto: pexels.com/de-de (Zugriff: 05.12.2022)
S81, 1: Screenshot: Adobe Photoshop, Foto: pexels.com/de-de (Zugriff: 05.12.2022)
S82, 1: Screenshot: Adobe Photoshop, Foto: pixabay.com/de (Zugriff: 05.12.2022)
S83, 1: www.sitepackage.de (Zugriff: 17.08.2013)
S84, 1: Grafik: Autoren, Icons: chip.de/downloads/Windows-7-Icon-Pack_56078345.html (Zugriff: 02.10.2016)
S85, alle: Icons: Apple (Zugriff: 15.11.2016)
S88, 1a, b: pixabay.com/de (Zugriff: 28.11.2022)
S95, 1a, b: pixabay.com/de (Zugriff: 28.11.2022)
S95, 2: Autoren

## 4.4 Index

## T



## U



## V



## W



## X



## Z

Printed by Wilco bv, the Netherlands